Vivez
jusqu'au bout !

Lucia Canovi

Vivez
jusqu'au bout !

Suicide, mode de non-emploi

Avant-propos

J'en prendrai tant qu'il
le faudra dans la figure,
mais je ne renoncerai pas à
mon droit de vivre.
André Bitton

La question du suicide est étroitement liée à celle du sens de la vie, celui qu'on lui donne et plus encore celui qu'on lui trouve. Ou, en l'occurrence, qu'on ne lui trouve pas. Cette question est étroitement liée à ce que chacun a de plus personnel : sa ou ses raisons de vivre.

Vous pensez au suicide, ou vous y avez déjà pensé ? Vous ne l'excluez pas, comme un ultime recours que vous garderiez sur le coude « au cas où » ? Les informations que vous allez découvrir dans ces pages vous permettront de changer de point de vue.

Et même si, comme je l'espère, vous n'êtes pas tenté par cette forme d'autodestruction, lisez ce qui suit sans vous départir de la curiosité pénétrante et perspicace qui vous est habituelle : vous vous mettrez ainsi à l'abri pour l'avenir.

Avenir qui peut être radieux... puisque son caractère plus ou moins lumineux dépend des décisions que vous allez prendre aujourd'hui et les jours suivants.

1. Trois très mauvaises raisons de se tuer

Les raisons pour lesquelles certains individus pensent à mettre fin à leurs jours ne sont jamais aussi valables qu'elles en ont l'air. En effet, même lorsqu'on a affaire à ce qui apparaît comme une « bonne » raison, celle-ci est étayée et renforcée par d'autres qui sont, elles, très mauvaises...

Chantage à la vie

Le candidat au suicide se dit parfois :

« Je tiens à tout prix à *ça*... donc soit je l'obtiens et tout va bien, soit je ne l'obtiens pas et je n'ai plus aucune raison de vivre. C'est *ça*, ou je me tue ! »

Ce chantage est souvent adressé à quelqu'un (« Reviens ou je me suicide »), mais pas toujours. Il peut être adressé à l'existence, au destin :

« Avis à la vie : soit j'arrive à décrocher *ça*, soit je me tue. »

Cette manière de penser peut paraître rationnelle, mais elle ne l'est pas. Elle peut paraître radicale, mais elle révèle moins de force que de faiblesse, moins de persévérance que de découragement, moins d'obstination que d'abdication.

La preuve ?

Ce *ça* que l'on considère comme si important, si vital, on est prêt à y renoncer pour se jeter dans la mort sous prétexte qu'on ne l'a pas *encore* obtenu !

Avec une mentalité plus logique et plus volontaire, on penserait : « Soit j'obtiens *ça*, soit je mourrai en essayant de l'obtenir, mais jamais je ne lâcherai le morceau. Je me battrai jusqu'au bout pour obtenir ce que je veux. Je réaliserai mes rêves, ou je mourrai en essayant. »

Les meilleurs objectifs ne sont pas comme les yaourts : ils n'ont pas de date de péremption. Ce qui n'a pas été obtenu à un moment X le sera à un moment Y... à condition bien sûr de ne pas se tuer avant.

Si par exemple on veut conquérir un homme ou une femme... on peut toujours espérer qu'il ou elle comprendra un jour qu'il ou elle est fait pour nous. Certaines personnes ont épousé la personne qu'elles aimaient quarante ans plus tard. Si on veut devenir ceci ou cela... on peut toujours espérer qu'à force d'essayer, on le deviendra.

La victoire ne s'obtient pas par le chantage – d'autant que la vie se fiche de nos tentatives de manipulation, et que les gens n'y cèdent que très provisoirement quand ils y cèdent –, mais par des efforts intelligents, patients et persévérants.

C'est un principe général ayant valeur de loi : s'ils ne meurent pas avant, ceux qui ne renoncent jamais finissent toujours par gagner.

« Je n'ai pas de place dans ce monde »

Croire que l'on n'a pas de place dans le monde est une deuxième très mauvaise raison de se tuer. Beaucoup de gens sont concernés par ce pénible sentiment, qui ne vous est peut-être pas complètement étranger :

« Ai-je encore ma place dans la vie ? »

« Si je n'étais pas là, ça reviendrait au même. »

« Ma place est-elle sur terre ? Je ne sais plus. »

« Je ne peux plus survivre dans ce monde ou je ne trouve plus ma place. »

« J'ai essayé de m'intégrer... mais je suis toujours aussi seul. Je ne trouve pas ma place. »

« Je ne sais pas où est ma place, j'aimerais tellement être parmi les anges s'ils existent… mais j'ai peur que ma place ne soit chez les fous. »

Si vous aussi, vous avez déjà été traversé par une idée de ce genre, je compatis. C'est pénible de se sentir inadapté. Hors-jeu, exclu. C'est comme si la vraie vie, ou le monde, étaient un lieu déjà bien rempli où on ne pouvait rentrer d'aucune manière. Pièce de puzzle égarée hors de sa boîte, et ne trouvant pas sa place dans l'image, on souffre d'être en dehors...

Lorsqu'on sent qu'on n'est pas à sa place, est-on réellement décalé, inadapté, ou est-ce juste une sensation illusoire, une espèce d'hallucination – comme si on était une poule parmi les poules se prenant pour un canard ?

En me fondant sur mon expérience, j'aurais tendance à dire que ce sentiment correspond à une réalité : on se sent décalé parce qu'on l'est réellement, à l'image d'un canard égaré faisant « coin-coin » à contretemps dans un concert de « cot cot cot ! »

Mais dire cela, ce n'est absolument pas justifier le suicide de ceux qui se sentent en exil.

L'enfance d'un cygne

À propos de palmipède, vous avez certainement déjà entendu parler de celui qui avait la réputation de manquer de séduction comme de grandeur... Je fais allusion au célèbre « vilain petit canard ».

Dans la ferme où il avait grandi, lui aussi ne trouvait pas sa place. Sa différence l'isolait de ceux qu'il prenait pour ses père, mère, frérots et sœurettes, et qui étaient eux de vrais canards. Rejeté partout où il allait, le vilain petit canard se sentait terriblement seul.

Ce n'était pas une illusion : effectivement, il était seul de son espèce.

Car le vilain petit canard était, en réalité, un bébé cygne. On ne le trouvait laid que parce qu'on lui appliquait les critères de beauté d'une espèce qui n'était pas la sienne. Je répète, parce que c'est plus important que ça n'en a l'air : « On ne le trouvait laid que parce qu'on lui appliquait les critères de beauté d'une espèce qui n'était pas la sienne. » Ce cygnon, mignon dans son genre et parfaitement normal, deviendrait un jour un cygne éblouissant de blancheur et de grâce glissant royalement sur l'onde à l'image d'un splendide voilier de luxe.

Vous aussi, vous avez l'impression que vous n'êtes pas à votre place ?

Ce n'est pas forcément que vous êtes moins bien que les autres. Peut-être même qu'en dépit des apparences vous avez plus de chance que les canards plus ou moins boiteux qui vous entourent... Eux ne deviendront jamais des cygnes. Mais (et ce point est tout à fait essentiel) pour que le radieux avenir qui vous est promis se réalise, vous devez résister à la tentation de vous laisser couler au fond de la mare.

Trouver sa place

Si vous n'arrivez pas à vous intégrer, c'est que votre environnement ne vous convient pas. Mais qui sait si c'est à vous de changer, ou *à lui* ? Et si décidément il se refuse à changer et que vous n'avez pas le pouvoir de le façonner selon vos désirs, pourquoi rester en sa compagnie ?

La terre est vaste.

Votre vraie place existe, et lorsque vous l'aurez trouvée, vous vous y sentirez merveilleusement bien, comme on peut se sentir quand on est la bonne personne au bon endroit. Comme on peut se sentir lorsqu'on vit pleinement et joyeusement sa vocation, la mission qu'on doit remplir sur cette terre.

En attendant, la souffrance de « Je n'ai pas de place » vient comme un rappel, un avertissement et un stimulant :

« Ce n'est pas ça, ta vie... Les chaussures que tu as enfilées ne sont pas à ta pointure... Tu n'es pas encore qui tu dois devenir... Ne t'englue pas dans tes routines... Ne t'endors pas là où tu es... Cherche, cherche sans relâche ce qui te manque...

Marche, marche sans repos, tu es encore loin de la maison… »

Vos véritables objectifs (ceux qui sont ancrés si profondément dans votre cœur que si vous y renonciez, c'est à vous que vous renonceriez) vous pouvez les atteindre.

Vous pouvez réaliser vos rêves ici, sur cette terre. Vous n'avez pas besoin de la quitter pour trouver votre place. C'est même la seule manière, l'unique moyen : pour devenir vous-même et exister pleinement, vous devez vivre.

Donc, au lieu de penser à la mort, réclamez votre part, ou plutôt cherchez-la. Si vous restez les bras croisés, personne ne vous donnera ce qui vous est dû ; c'est à vous d'agir pour trouver le bonheur et la place qui vous sont destinés, et qui vous attendent quelque part.

Qui sait ?

Peut-être non loin.

Peut-être tout près.

Il suffit parfois de se frotter les yeux pour trouver, juste sous son nez, ce qu'on cherchait en vain depuis des années.

« J'en ai fait le tour… »

« J'en ai fait le tour » : cette illusion d'avoir tout vu et tout vaincu est une troisième très mauvaise raison de se tuer.

Ça vous semblera peut-être difficile à croire, mais certaines personnes pensent au suicide parce qu'elles ont la sensation que la vie ne leur réserve plus rien de neuf. Elles ont l'impression d'avoir obtenu tout ce qu'ils voulaient obtenir, connu tout ce qu'elles voulaient connaître, et du coup, ne voient plus l'intérêt de continuer.

Le seul avenir qu'elles arrivent à imaginer ressemble à un 33-tours rayé, répétition sans saveur de ce qu'elles ont déjà vécu.

Arrivées (croient-elles) au sommet, et conscientes que personne ne peut y rester, elles préfèrent s'éclipser soudainement plutôt que de redescendre petit à petit la pente…

Fin de chapitre

Mais lorsqu'on arrive à la fin d'un cycle, lorsqu'on touche le plafond de son univers, ce n'est pas le moment de se tuer.

C'est le moment de *naître*.

Le moment de se renouveler, le moment de pénétrer dans un monde plus vaste, d'élargir sa vision, d'oser quelque chose de nouveau, et ainsi de renouer avec les émotions du débutant : la peur de ne pas y arriver et la honte de sa maladresse, certes, mais aussi et surtout la joie de s'aventurer le cœur battant en pays inconnu, l'émerveillement de se découvrir rajeuni et différent dans un nouveau rôle, et la juste fierté de dépasser ses limites.

Le suicide rôde entre le point final, celui qui clôt la phrase, et la majuscule, celle qui inaugure la phrase suivante. Comme une *partie* se termine, l'ennemi chuchote que le *tout* s'achève. Lorsqu'il parvient à convaincre quelqu'un d'entériner cette fin de chapitre par un suicide, il est ravi, vraiment...

Avoir « tout ce que l'on désire » signifie qu'on a atteint la fin d'un cycle, qu'on est arrivé au bout de la chambre, jusqu'au mur. Mais la chambre n'est pas la maison, la maison n'est pas la ville, la ville n'est pas le pays, le pays n'est pas le monde, et le monde n'est pas l'univers... Il y a toujours plus à désirer parce qu'il y a toujours plus à explorer.

Recroquevillée dans sa chrysalide, la chenille a, croit-elle, tout ce qu'elle désire. Elle a vécu pleinement sa vie de chenille, elle en a « fait le tour ». Et peut-être qu'à ce stade, la chenille pense à la mort, alors qu'en réalité, elle en est à peine à la première étape de sa transformation en papillon.

Pour les chrysalides humaines, la question qui se pose est la suivante : vais-je rester momifiée dans mon cocon jusqu'à ma mort biologique, mort que j'anticiperai peut-être par un suicide, ou opter pour ma métamorphose, même si c'est dur, même si c'est stressant ?

Je touche aux limites de mon univers

Je dois encore vous parler de moi.

À l'époque, j'étais étudiante en lettres modernes. Mes professeurs incarnaient à mes yeux le Savoir, la Compétence et la Justice ; je les considérais comme mes juges et je voulais leur prouver ma valeur intellectuelle. C'était ma principale raison de vivre.

DEUG... Licence... Maîtrise... DEA... Apparemment tout allait pour le mieux : mes études avançaient comme sur des roulettes.

Mais le ver était dans le fruit depuis le début. En effet mes professeurs étaient (ce ne sera pas une grande surprise pour vous, mais ça en fut une pour moi) des gens comme les autres.

Or à force d'étudier avec zèle, à force de lire les écrits de ces intellectuels que je vénérais de loin sans oser leur parler, à force de décortiquer attentivement ce que je lisais, je m'aperçus petit à petit que ces demi-dieux jetaient parfois, et même souvent, des choses très discutables sur le papier. Des choses pas logiques. Des trucs qui avaient l'air profonds, mais qui en réalité n'étaient que des platitudes ou de vains paradoxes.

Comme si, au fond, ils n'avaient rien de particulier à dire, et qu'ils cherchaient juste à remplir des pages et des pages... à faire de la copie.

Non seulement ça, mais ces juges n'étaient pas toujours justes.

Certains donnaient de mauvaises notes à des devoirs qui me paraissaient excellents et d'excellentes notes à de très mauvais devoirs. Certains mettaient la même note (10/20) à tous les étudiants. Certains refusaient toute mention à de très bons mémoires, tandis que d'autres donnaient la mention *très bien* à des mémoires qui, de mon point de vue en tout cas, ne valaient pas tripette.

Certains se permettaient même de coucher avec leurs étudiantes !

Petit à petit, je réalisais que mes professeurs ne m'étaient supérieurs ni d'un point de vue intellectuel, ni d'un point de vue moral. Je les avais pris pour juges suprêmes, mais en fin de compte ils n'avaient pas la carrure nécessaire pour remplir ce rôle.

Cette prise de conscience m'emplit d'orgueil et d'angoisse : puisque mes dieux ne valaient pas mieux que moi, à qui donc devais-je plaire ? à qui devais-je prouver ma valeur ?

Pas de réponse.

Ma tête se cognait au plafond de mon petit univers ; je me retrouvais privée d'objectif et désemparée, partagée entre la vanité et le vide. Comme par hasard, c'est à cette période de mon existence que l'ennemi commença à me chuchoter : « Pourquoi continues-tu à vivre ? Est-ce que tu as *vraiment* une *bonne* raison ? »

Je ne voulais pas me tuer, mais en même temps, j'avais l'impression dérangeante que je n'avais plus le droit de rester là, sur cette terre, maintenant que je n'avais plus de mission à remplir, plus de but à atteindre.

Je me cognais aux limites de mon univers, et j'imaginais qu'il s'agissait des limites de l'Univers. J'avais épuisé les ressources de mon territoire, et je croyais avoir épuisé les ressources de la terre. Dans une vision plus panoramique, l'Everest était encore vierge de mes pas (il l'est toujours) et le sommet que j'avais atteint n'était qu'une taupinière.

Enfermée dans ma sphère, j'en avais fait le tour et touché ses limites : c'était l'heure de sortir de mon bocal universitaire.

À retenir

● Ceux qui se tuent parce qu'ils n'ont pas obtenu ce qu'ils désirent auraient pu l'obtenir s'ils ne s'étaient pas tués.

● Quand on sent qu'on n'a pas de place, c'est simplement qu'on n'a pas encore trouvé la sienne.

● Au sommet, il y a un autre sommet. Au bout du monde, un Nouveau Monde.

Conseils

▶ Ne mettez pas de condition à votre existence.

▶ Au lieu de penser « C'est ça, ou je me tue ! » pensez : « C'est ça, ou je mourrai à la tâche ! Je ne renoncerai *jamais*. »

▶ Votre place restera vacante tant que vous ne l'occuperez pas : cherchez-la.

▶ Vous avez fait le tour complet de votre bocal ? Sortez-en pour explorer le vaste océan.

2. Mortelle impatience

Pourquoi, dans cette partie sur le suicide, consacrer tout un chapitre à l'impatience ?

Parce que ce défaut compte très souvent parmi les motifs qui déterminent le passage à l'acte destructeur et idiot en général, et au meurtre de soi en particulier.

L'impatience est un « manque de patience pour attendre quelqu'un ou quelque chose, une irritation nerveuse, une incapacité à rester en place, à se contenir ». La précipitation, notion cousine, est une « rapidité excessive, une grande hâte qui donne à ce que l'on fait un caractère irréfléchi et désordonné ».

On n'a pas besoin de consulter les statistiques pour savoir que les piétons patients et réfléchis vivent plus vieux que les piétons impatients qui se précipitent sur la route sans attendre de trouver un passage qui leur soit réservé ou que le feu rouge passe au vert. Il en va de même pour les automobilistes impatients, les maçons impatients, les équilibristes impatients... pour toutes sortes d'impatients.

L'impatience et la précipitation sont à l'origine de nombreux accidents mortels comme de nombreux divorces, crimes, etc.

Elles jouent aussi un rôle crucial dans le désespoir et l'échec.

À propos d'échec, il faut que je vous raconte l'histoire du pauvre Darby. Elle est courte et pas drôle, mais véridique et instructive. Je l'ai trouvée dans *Réfléchissez et devenir riche* (1937) de Napoleon Hill, grand classique du développement personnel que je vous recommande au passage. Il vous intéressera même si vous ne voulez pas devenir riche.

Pauvre Darby !

Aux États-Unis, lors de la ruée vers l'or, un homme du nom de Darby partit, le cœur plein d'espérances, vers l'Ouest pour faire fortune.

Par chance, il gagna une concession au jeu et entreprit de la sonder à coups de pioche et de pelle. Après plusieurs semaines d'un labeur incessant et épuisant, ses efforts furent enfin récompensés : il avait trouvé de l'or ! Un premier wagonnet rempli à ras bord partit à la fonderie.

Mais voilà que tout à coup, plus rien. Le filon avait disparu.

Les machines eurent beau forer : toujours rien.

Rien de rien.

Déçu et découragé, le pauvre Darby revendit son matériel et sa concession pour une bouchée de pain à un aventurier de passage et rentra chez lui, la queue entre les jambes…

Si l'histoire s'arrêtait là, elle serait déjà tristounette, mais elle a une suite encore plus triste, du moins pour Darby. En effet l'aventurier qui était devenu propriétaire de la concession consulta un expert. Et là, surprise : le filon d'or se trouvait à trois pieds à peine de l'endroit où Darby avait arrêté le forage !

L'aventurier devint millionnaire.

La leçon à tirer

Les personnes qui se tuent font le même genre d'erreur que Darby : elles renoncent non loin du but.

Trop irréfléchies, elles ne prennent pas conseil auprès de ceux qui pourraient les aider ; trop pressées, elles ne laissent pas de temps au temps. Elles veulent ce qu'elles veulent tout de suite, et comme ce qu'elles veulent tarde à venir… elles se tuent.

Hâtivement.

La plupart du temps il aurait suffi d'un peu de patience, d'initiative et de réflexion, parfois juste d'un petit brin, d'une gouttelette supplémentaire de patience, d'initiative et de réflexion, pour qu'elles distinguent une porte dans le mur où elles se cognaient la tête, ou pour que la situation insoluble où elles se trouvaient coincées évolue d'elle-même et se débloque.

Je change de sujet, du moins en apparence.

Certains jeunes ne font pas confiance à leurs aînés ; ils ont besoin de vérifier par eux-mêmes en voyant de leurs yeux, en touchant de leurs mains. L'avantage de cette méthode, c'est qu'ainsi, ils arrivent à une conviction intime, à une certitude inébranlable fondée sur le témoignage direct de leurs sens ; l'inconvénient, c'est que – lorsqu'ils ne sont pas bien convaincus de la toxicité de la drogue ou de l'utilité du Code de la route et des parapets – leurs vérifications signent parfois leur arrêt de mort.

L'homme intelligent tire parti de ses erreurs, dit-on. Encore faut-il qu'il y survive. Le Sage, qui est une espèce encore plus rare, tire parti des erreurs des autres : il n'a pas besoin de se brûler lui-même pour comprendre que le feu brûle, pas besoin de se noyer en personne pour comprendre l'intérêt d'apprendre à nager.

Soyez sage : tirez profit de l'histoire de Darby. C'est lorsque tout est apparemment fichu qu'il ne faut surtout pas se décourager. Et si c'était la dernière clef du trousseau qui ouvrait la porte ?

Roméo n'a pas pris le temps

À ce propos, savez-vous pourquoi l'histoire de *Roméo et Juliette* finit si mal ?

Ce n'est pas uniquement la faute des Capulet.

Ni même celle des Montaigu.

C'est à cause de Roméo... et surtout de sa précipitation. Ce personnage shakespearien incarne à merveille l'impatience et la précipitation qui caractérisent la jeunesse, mais pas seulement elle.

Dans la crypte funéraire, Juliette gisait inanimée. Aucun souffle ne s'échappait de ses lèvres livides. Se fiant aux apparences, Roméo la crut morte. Comme il était d'un tempérament impétueux, impulsif et impatient, Roméo désespéré se tua sans attendre sur le cadavre de Juliette.

Or Juliette n'était qu'endormie. Pour échapper au mariage que voulaient lui imposer ses parents, elle avait absorbé une potion qui l'avait plongé dans une léthargie profonde, et si Roméo avait résisté à son désespoir pendant ne serait-ce qu'un quart d'heure, il s'en serait aperçu.

Imaginons que Roméo se soit armé d'un tout petit peu de patience...

Imaginons qu'il ait décidé de survivre...

L'épilogue de son histoire aurait été « ils vécurent longtemps heureux et eurent beaucoup d'enfants ». Si Roméo avait eu la sagesse de résister, patienter et attendre, *Roméo et Juliette* n'aurait pas été une tragédie.

La clef de la boîte où se trouvent toutes les clefs

L'histoire de Roméo et Juliette a la même moralité que celle de l'infortuné Darby : quand la situation semble désespérée, elle ne l'est pas.

Le proverbe vietnamien dit vrai : *il n'y a pas de situation désespérée ; il n'y a que des hommes qui désespèrent de la situation.*

Quand on croit que toutes nos chances sont gaspillées, bousillées, qu'il ne reste aucune corde à notre arc, aucun euro dans notre compte, aucune malice dans notre sac, il ne faut pas se presser de conclure. Qui sait si, pour trouver la solution aux problèmes qui vous rongent, vous n'avez pas déjà tout ce qu'il faut *sans le savoir* ?

Ce n'est pas lorsqu'on est en proie au désespoir qu'on peut se rendre lucidement compte de ses options, de ses ressources... Même si ça vous paraît invraisemblable, la seule chose qui vous manque pour résoudre vos problèmes, ce n'est peut-être qu'une idée, une petite idée lumineuse. Ou peut-être une information, une petite information supplémentaire.

Cette idée ou cette information ne vous permettra probablement pas de faire disparaître toutes vos difficultés d'un coup, mais elle vous aidera à les résoudre petit à petit, l'une après l'autre, comme on complète un puzzle.

Il faut que vous le sachiez et que vous ne l'oubliiez pas : on peut se sentir démuni et impuissant sans l'être réellement. Dans un certain état émotionnel, celui du désespoir et de la tentation suicidaire, il est quasiment impossible d'être lucide sur soi et de raisonner correctement.

Si Édouard – ou Aglaé, ou Philibert, ou Bertille – était absolument sûr que la suite de son existence sera infiniment meilleure que tout ce qu'il a vécu jusque là, voudrait-il encore se tuer ?

S'il savait de science certaine que demain (et n'importe quel jour situé dans le futur, c'est déjà demain) son existence actuelle lui apparaîtrait comme un premier brouillon, l'esquisse mal fichue de l'existence mille fois plus belle et significative qui serait la sienne à ce moment-là, voudrait-il encore se tuer ?

Il me semble que non.

Or vous pouvez en être absolument sûr. Vous pouvez en être absolument sûr, car notre avenir est entre nos mains. Vous avez décidé de faire de bons choix : le résultat – qui viendra à son heure et en son temps – est garanti. Mais, comme vous l'avez déjà compris, on ne découvre ce que l'avenir nous réserve de bon qu'à condition d'endurer le présent.

Un proverbe, yiddish celui-là, confirme : *qui ne peut supporter le mal ne vivra pas pour voir le bien.*

Vous n'obtiendrez le bonheur qui vous revient de droit qu'à condition de vous armer de patience. Qu'à condition de traverser tous les moments difficiles et harassants qui vous séparent de ce bonheur futur et parfaitement réel, quoiqu'inconnu de vous, qui vous attend.

Patience et persévérance sont les conditions *sine qua non* de toutes les victoires, les publiques comme les cachées, les secrètes comme les spectaculaires.

Les gens ne se tuent pas parce qu'ils ont tout raté, ils ratent tout parce qu'ils se tuent.

Les suicidaires qui passent à l'acte anéantissent leurs chances de bonheur – et leur vie – parce qu'ils ont cru qu'elles étaient *déjà* anéanties. Croyant réel ce qui n'était encore qu'un risque, ils en font une réalité. Persuadés que tout est foutu, ils foutent tout en l'air ; croyant voir que tout est détruit, ils se détruisent soi-même... blessant du même coup au moral et parfois au physique les personnes qu'ils aiment.

Ce n'est pas parce que « ça ne sert à rien » qu'on laisse tomber, mais parce qu'on laisse tomber que « ça ne sert à rien ».

Beaucoup de personnes ont quitté leur conjoint parce qu'elles croyaient, sous l'empire d'idées noires ou d'une jalousie maladive, que leur mariage n'avait plus aucune réalité... alors que c'est leur décision de divorcer, et uniquement elle, qui a brisé leur couple.

Pour Roméo comme pour tant d'autres, tout était encore possible ; il avait même un carré d'as dans les mains. Mais comme il ne savait pas qu'il jouait contre quelqu'un, qu'il ne connaissait pas les règles du jeu, et que son adversaire était resté soigneusement anonyme, silhouette noire sur mur de nuit noire, il a cru que ces petits rectangles de carton ne servaient à rien, que *sa vie* ne servait à rien.

Et c'est l'ennemi qui a gagné, et c'est l'ennemi qui ricane.

Qu'aurait-il fallu pour gagner la partie ?

Apprendre les règles du jeu.

Et avant ça, découvrir les règles du jeu.

Et encore avant ça, chercher les règles du jeu.

Mais pour tout ça, il faut du temps.

Parfois des années.

La clé de la boîte où se trouvent les clés de toutes les portes (y compris de celles que l'on ne reconnaît pas pour telles, croyant qu'il s'agit seulement de trompe-l'œil peints sur le mur), c'est la patience.

La persévérance récompensée

Après l'histoire de Darby, qui renonça à quelques mètres d'une mine d'or, voici l'histoire, tout aussi véridique, d'un autre chercheur de métal précieux. Pierre Bellemare la raconte dans l'un de ses livres.

En 1951, ce n'est pas la ruée vers l'or, mais ça y ressemble. Les États-Unis manquent d'uranium. Encouragé par sa femme, Vernon Pick achète un compteur Geiger, appareil qui mesure la radioactivité, et se lance dans l'aventure comme des milliers d'autres prospecteurs.

Pour commencer, Pick potasse des traités de géologie, car il a compris que l'uranium ne se trouve pas n'importe où. Puis, lorsqu'il a localisé le lieu qu'il juge le plus favorable – les gorges montagneuses de l'Utah –, il part là-bas avec son compteur Geiger.

À Hanksville, village perdu dans les montagnes, Pick n'est pas le seul chercheur d'uranium. Tous les autres sont revenus bredouilles de leurs expéditions, qui durent généralement quinze jours.

Pick part à son tour dans la nature inhospitalière, mais lui pour vingt jours : il veut aller plus loin que les autres pour se donner une chance de trouver l'uranium tant convoité.

La première expédition est infructueuse.

La seconde, aussi.

Vernon Pick enchaîne *cinq* expéditions épuisantes, et ne trouve rien... à ce stade, il n'en a peut-être pas marre de la vie, mais il en a certainement marre de la solitude, de la fatigue, des scorpions et des serpents.

Mais il ne se décourage pas, et repart pour une sixième expédition.

Lors de cette sixième expédition, alors qu'il se couche pour la nuit, un scorpion le pique dans le dos. Il reste paralysé au sol pendant trois jours, sans pouvoir ni manger ni boire. Le quatrième jour, les effets du poison commencent à se dissiper et Pick, abandonnant son compteur Geiger sur place, prend en chancelant le chemin du retour.

Fin de l'histoire ?

Pas du tout.

De retour auprès de sa femme, Vernon Pick lui raconte toutes ses mésaventures. Le couple décide d'acheter un scintillomètre, suivant ainsi le conseil du vieux Billy, le propriétaire de l'hôtel d'Hanksville. Leurs ultimes économies passent dans cet achat.

Et Pick repart illico à Hanksville avec le scintillomètre. Pour cette expédition de la dernière chance, Pick a décidé d'aller plus loin que jamais, jusqu'à une gorge abrupte que personne n'a jamais explorée, la rivière de boue. Il part pour plus d'un mois. En chemin, catastrophe : Pick perd la moitié de ses provisions.

Il continue quand même.

Obligé de boire l'eau de la rivière, Pick endure d'atroces douleurs de ventre... l'eau contient de l'arsenic.

Il continue quand même.

Le 22 mars 1952, le compteur du scintillomètre s'affole : Vernon Pick vient de découvrir un gigantesque gisement d'uranium. En 1954, il la vend contre 10 millions de dollars.

L'histoire de Pick illustre une loi éternelle et universelle : la persévérance vient à bout de tout. Remplacez l'uranium par n'importe quel objectif qui vous tient à cœur, par n'importe quel rêve qui vous hante depuis toujours, et ça y est, vous connaissez la recette inratable pour obtenir ce que vous voulez.

À retenir

- Avec des efforts et du temps, une souris coupe un câble : la patience et la persévérance viennent à bout de tout.
- La patience est une arme.
- La seule manière de tout rater, c'est de se tuer.

Conseils

► Ne vous pressez pas ; laissez du temps au temps et à la vie.

► Armez-vous de patience.

► Pour découvrir ce que l'avenir vous réserve de bon, supportez le présent.

► Souvenez-vous de Darby et de Vernon Pick : faites courageusement face aux échecs, aux scorpions et à l'arsenic, et vous finirez par trouver le gisement de bonheur que vous

---

cherchez. Le livre que vous êtes en train de lire va vous aider à construire ou reconstruire le scintillomètre intérieur (intuition et raison) dont vous avez besoin pour le repérer.

3. Le désespoir est une illusion d'optique

Après l'impatience, parlons de l'état psychologique qui est son plus proche parent : le désespoir.

Le désespoir est « l'état de la conscience qui juge une situation sans issue ». Le mot important, dans cette définition, c'est *juge*.

Le désespoir ne naît pas d'une situation, il naît d'un *jugement* porté sur une situation. Il n'est pas suscité par une absence d'issue, il est suscité par *un point de vue*, une *impression* : celle qu'il n'y a pas d'issue.

Le désespoir transforme des circonstances problématiques en causes de suicide. Circonstances problématiques, mais pas insurmontables – sauf bien sûr quand on décide que « tout est fichu » et qu'on agit conformément à cette croyance...

Au cours d'une expérience de laboratoire, on a mesuré la motivation des rats à vivre dans différentes circonstances. Plongé dans une jarre d'eau et une obscurité totale, un rat se laisse couler au bout de trois minutes. Mais si on laisse pénétrer un rayon de lumière dans la jarre, le rat continue à nager pendant trente-six heures. La lumière est là, que le rat la perçoive ou non, mais s'il la voit, il résiste sept cents fois plus longtemps.

Pour résister dans l'adversité, les Hommes ont eux aussi besoin d'un rayon d'espoir, mais leur ressemblance avec les rats s'arrête là.

Alors que ces rongeurs ont besoin de voir la lumière de leurs yeux, les êtres humains sont capables de croire à l'existence de la lumière même quand elle leur est invisible, capables de se souvenir que le soleil existe même quand la nuit est noire. Ils ont suffisamment de mémoire, d'imagination et de foi pour croire sans voir.

Plongé dans l'obscurité complète, un rat de laboratoire n'a pas le choix... il coule. Plongé dans l'obscurité complète, un être humain est encore libre : il peut céder au désespoir comme il peut lui résister.

Le désespoir est un choix. On est libre d'y succomber comme on est libre de lui préférer le courage, la patience et l'espoir.

Souffrir moralement de ce mal qu'on nomme « dépression », c'est être enfermé entre les murs d'une demeure angoissante, labyrinthique, sans fenêtre. Céder au désespoir, c'est oublier que cette espèce de dédale oppressant où l'on erre depuis parfois des années n'est pas tout l'univers, mais seulement une minuscule parcelle de celui-ci. Céder au désespoir, c'est supposer que les portes de sortie que l'on n'a pas encore trouvées, ou pas encore identifiées comme telles, n'existent pas.

L'obscurité où tant de gens errent leur semble l'ultime réalité parce qu'elle est leur présent et leur prison, mais cette nuit est artificielle. Dehors, il fait jour ; dehors, le monde est vaste et beau et resplendissant. C'est cet univers lumineux qui est le vrai. Au-delà des murs qui limitent leur existence se trouvent un vrai ciel, un vrai soleil, toute une plénitude estivale qui les attend, de même que l'homme ou la femme de votre vie vous attend avec impatience quelque part, si vous ne l'avez pas encore rencontré(e).

Gardez espoir, ne vous découragez pas.

Croyez, et continuez à croire, et continuez de continuer à croire, à l'univers saturé de couleurs et de lumière qui est de l'autre côté des murs, même si vous ne le voyez pas, même si vous n'avez encore aucune preuve matérielle de son existence, même si de là où vous êtes il semble n'être qu'une utopie, un rêve fou, un mirage.

Gardez espoir, ne vous découragez pas.

Croyez à ce monde coloré et chatoyant pendant tout le temps nécessaire pour chercher et trouver l'une des issues de la maison hantée et ainsi, le rejoindre. Cette maison hantée, vous ne devez pas en avoir peur. Ce n'est peut-être, coincée entre le palais des glaces et la grande roue, qu'une des multiples attractions d'une fête foraine où flânent des flâneurs.

L'effet papillon

On dit qu'il suffit d'un battement d'aile de papillon en Chine pour qu'un cyclone ait lieu aux États-Unis. On a même donné à un nom à cette théorie : « l'effet papillon ».

En réalité, les météorologues sont unanimes : les lépidoptères n'ont aucun impact sur le temps qu'il fait. Le papillon en question peut bien s'exciter tant qu'il peut et battre des ailes comme un forcené, pas de tornade.

Dans une vie humaine, par contre, les plus petits actes ont les plus grandes conséquences. De minuscules gestes ont des répercussions parfois immenses.

Imaginons que vous marchiez avec d'autres personnes en suivant un sentier. Toutes les deux ou trois minutes, des pistes s'ouvrent sur votre droite et sur votre gauche. À l'un de ces embranchements, les autres décident de prendre à gauche, et vous décidez de prendre à droite. Votre décision de prendre à droite n'a lieu qu'une fois, mais cela suffit pour que votre destination finale soit différente, voire radicalement différente, de celle des autres.

Ainsi, parfois, il suffit d'une seule petite décision pour que de fil en aiguille, tout change.

S'inscrire à un cours... Parler du sens de la vie à un inconnu... Entrer dans un bâtiment où on n'avait encore jamais mis les pieds... Ouvrir un livre... Visiter un site Internet qui ne ressemble pas à ceux que l'on fréquente ordinairement... Rendre un petit service à son voisin... Ce genre d'acte peut enclencher un processus, être à l'origine d'une réaction en chaîne, avec la solution au bout : le calme, le bonheur, la joie, la force intérieure.

L'imprévisible est fertile en chances.

Un événement que vous ne pouvez pas deviner, ni même pressentir, un événement que l'avenir vous réserve et qui sera la conséquence directe ou indirecte de vos choix, peut illuminer toute votre destinée ultérieure. Après tout, il suffit d'une rencontre heureuse (et les livres aussi sont des rencontres) pour changer une vie.

Le désespoir n'est jamais de mise.

À retenir

- Le désespoir est une illusion d'optique.

Conseils

▶ Remettez votre vision en question ; regardez les choses de plus près ; vérifiez.

▶ Décidez qu'il y a de l'espoir, même si vous n'en êtes pas absolument sûr. De toute façon c'est la vérité.

4. Envie d'être mort ?

Personne n'a réellement envie de mourir, car mourir est un processus douloureux et effrayant. Mais on peut avoir envie d'être *déjà* mort.

Vous connaissez peut-être cette impression.

L'impression que la vie n'a aucun sens. Aucune utilité. Que la route est trop longue et qu'on est trop fatigué. Qu'on a « assez donné ». Qu'on s'est suffisamment épuisé à tourner et errer dans la nuit. Que trop, c'est trop. Que si on ne supporte plus... c'est bien la preuve que c'est insupportable. Que respirer est devenu un effort trop difficile. Et que chaque seconde déchire quelque chose de plus dans les fibres de cette âme meurtrie et oubliée, comateuse, qui ne sait plus qui elle est.

Je pourrais continuer comme ça longtemps, mais à quoi bon ?

S'attarder sur les émotions de ce genre n'a pas d'autre effet que de les aggraver. À la place, je voudrais plutôt vous proposer une hypothèse : et si l'envie d'être déjà mort qu'éprouvent les suicidaires n'était pas l'ultime vérité de leur vie intérieure ? Qu'elle ne se situait pas en son cœur ? Et si ce désir de mort occupait plutôt une couche superficielle de leur conscience ?

Pas la plus extérieure, d'accord... Mais pas la plus profonde non plus ?

Et si la tentation de se tuer était une espèce d'écorce, un peu comme la croûte qui se forme sur une blessure ?

L'ennemi intérieur s'emploie à traduire dans le langage du suicide des aspirations qui sont d'un tout autre ordre, et qui ne peuvent être satisfaites ou apaisées qu'*avant* le dernier soupir. C'est lui, l'ennemi, qui maquille des envies et des besoins de vivant en pulsions de mort.

Ce chapitre est peut-être le plus important de ce livre.

Lisez-le avec une attention perspicace et sereine, comme d'habitude.

Envie d'être mort, ou besoin de comprendre ?

Commençons par un constat tout à fait basique : la vie n'est pas facile.

Ceux qui disent le contraire n'ont fait qu'effleurer sa surface ; dans quelques années on en reparlera. Mais ce n'est pas cette difficulté qui rend, dans certains cas, la vie insupportable.

Deux tailleurs de pierre

Deux hommes taillent des pierres. Tous les deux suent à grosses gouttes sous un soleil écrasant. Objectivement ils font le même travail, le même labeur épuisant.

Et pourtant, l'un taille la pierre en soupirant, le dos voûté comme s'il portait le monde sur ses épaules, tandis que l'autre manie la massette et le ciseau en chantant comme un pinson, débordant d'enthousiasme et d'ardeur.

Pourquoi une telle différence ?

Celui qui est dégoûté de son travail besogne en esclave, sans savoir pour qui ni pour quoi, comme une machine, parce qu'il n'a « pas le choix », tandis que l'autre taille des pierres pour bâtir la maison où il vivra avec sa bien-aimée : elle l'épousera lorsque le nid de leur amour sera prêt. Cet homme-là est au service de ce qu'il aime.

Deux grimpeurs

Deux hommes gravissent péniblement une montagne pentue.

L'un est Sisyphe, condamné par des dieux impitoyables à pousser un rocher jusqu'au sommet pour le voir rouler au bas et recommencer – supplice absurde et désespérant –, tandis que l'autre est en mission de sauvetage, parti pour secourir des alpinistes coincés dans une faille de glacier. Les émotions de l'un sont-elles comparables aux sentiments de l'autre ?

Non, bien sûr que non.

Conclusion : ce qui est insupportable, ce n'est pas la pénibilité de l'effort, mais son absurdité, son absence de signification.

Marre de l'absurde

Au cours de ma très longue dépression (si longue que je pourrais tout aussi bien dire « au cours de mon existence »), j'ai pensé cent mille fois que j'en avais marre de la vie.

Marre de me lever tous les matins, marre de répéter les mêmes corvées, marre de retrouver toujours les mêmes problèmes non résolus toujours un peu plus rances...

Mais en réalité, ce n'était pas la vie en elle-même qui me posait problème. C'était son absurdité, sa futilité, son inconséquence qui me dégoûtaient.

Me brosser les dents, payer mes impôts, faire la vaisselle : les mêmes tâches qui me semblaient si pesantes, si compliquées (et que du coup je faisais si peu et si mal), m'auraient semblé relativement faciles si j'avais eu une bonne raison de les accomplir.

La preuve ?

Aujourd'hui, j'aime faire la vaisselle.

D'accord, j'exagère un peu... mais à peine. Quand les assiettes propres s'empilent, que l'ordre s'installe petit à petit dans la cuisine apaisée, que le robinet en inox brille, j'éprouve une satisfaction bien réelle. La vie quotidienne a pris une dimension nouvelle, une espèce de grâce, de quiétude.

Je n'en avais pas ras le bol de la vie, de toute la vie ; j'en avais marre de vivre sans bonne raison et sans savoir pourquoi.

J'aurais voulu me lever le matin pour quelque chose. De préférence, pour une bonne raison. Une raison majeure. J'aurais voulu savoir pourquoi j'étais là, pourquoi j'étais née. J'aurais souhaité une explication plus éclairante, plus significative que

« parce que c'est comme ça ». Je n'arrivais pas à me satisfaire d'être le résultat aléatoire et dénué d'importance d'une succession d'improbables coïncidences. Il y avait en moi quelque chose qui se rebiffait contre cette destinée absurde et vaguement indigne, dérisoire.

Lorsqu'on se croit dégoûté de la vie, on n'est souvent dégoûté que de son apparente absurdité. Dans ce cas, se tuer c'est jeter le bébé avec l'eau du bain.

Trouver le mode d'emploi

Alors, où est la solution ?

Elle consiste à chercher, puis trouver, le sens de cette existence absurde.

Mais comment trouver le sens d'une existence absurde ? Par définition, si elle est absurde, c'est qu'elle n'en a pas...

Ce n'est pas tout à fait aussi simple.

Imaginons quelqu'un qui disposerait d'un ordinateur dernier cri et d'un abonnement Internet illimité, mais qui ne saurait pas comment s'en servir.

Pire encore : qui ne saurait même pas ce qu'est un ordinateur !

Ne se dirait-il pas que cet objet sans charme l'encombre ?

Ne serait-il pas tenté de le jeter sans tarder ?

Quelqu'un qui est en possession d'un trésor, mais qui ne le sait pas, est tout aussi pauvre que quelqu'un de réellement pauvre. L'existence n'est peut-être pas absurde du tout, mais tant qu'on n'est pas au courant de sa signification réelle, qu'on ne connaît pas son mode d'emploi, on est juste *encombré* par elle.

Envie d'être mort, ou soif d'Absolu ?

L'envie d'être mort peut aussi recouvrir une soif d'Absolu.

Une aspiration à la pureté, à l'immensité.

D'innombrables adolescents ont été fascinés par *Le Grand Bleu* (1988). Ce film de Luc Besson montre, dans une mer limpide et profonde, un héros au cœur pur qui cherche à dépasser ses limites et à explorer l'Inconnu. Plongeur en apnée, la combinaison de ces deux désirs le pousse à descendre en eau profonde, pour ne plus revenir.

Qu'est-ce qui a fasciné les jeunes spectateurs ?

Le suicide régressif et allusif de la fin, ou la pureté, le dépassement de soi, l'innocence, l'absolu ?

Les deux, peut-être…

Et si cette pureté, cet absolu dont tant d'adolescents, et d'adultes aussi, ressentent l'indistincte nostalgie était accessible, mais pas à ceux qui se tuent ?

Et si le suicide était sale ?

Et s'il était impur ?

L'ennemi intérieur n'aime pas du tout cette idée-là, et il fera tout pour vous convaincre qu'elle est ridicule. Il veut vous persuader que tout ce qui est grand, beau et sans mélange se trouve de l'autre côté de l'autodestruction : « Si tu veux être pur, si tu veux être net, si tu veux entrer dans l'infini, la grandeur et la grâce, plonge… Tu ne le regretteras pas, promis, juré ! »

Pour beaucoup de jeunes et de moins jeunes, le suicide et l'anorexie, sa cousine, sont des moyens pour atteindre un absolu qui se dérobe, une pureté insaisissable. Mais ces moyens, suggérés par l'ennemi, ne sont pas les bons, et les condamnent à ne jamais atteindre leur but.

Rêvez-vous de plages sauvages, jamais foulées, de neiges immaculées, de cimes inaccessibles ? Êtes-vous hanté par le vague souvenir, estompé par l'amnésie, d'un absolu océanique, pur et frais, d'une origine perdue, d'un renouvellement indéfinissable ? Suivez-vous avec émotion les pas du jeune Christopher Mccandless, le héros de *Into the Wild* (2007), tandis qu'il brûle ses billets de banque, franchit le fleuve glacé, rejoint la solitude et la vie sauvage à la recherche de la Vérité ?

Dans ce cas, c'est d'Absolu que vous avez soif.

Pas de mort.

Si vous confondez ces deux notions, faites un effort pour les séparer, car elles sont réellement distinctes. Ceux qui ont identifié l'Idéal qui répond à leur soif vivent jusqu'au bout. Même quand c'est dur. Ils ne cèdent pas aux sirènes du suicide. Ils ont conscience que le suicide est contingent, aléatoire et sale... Sans parler du fait que c'est bien souvent un aller simple pour un fauteuil roulant.

Envie d'être mort, ou besoin de changer ?

Très souvent, l'envie d'être mort recouvre aussi un désir parfaitement légitime, et même un besoin : celui de changer.

Infernale répétition

En effet, dans beaucoup de cas c'est moins la vie qui est insupportable en tant que telle que la continuation de la même existence toujours plus poussiéreuse, étouffante et moisie.

Un simple changement de souffrance serait déjà un soulagement ; ce qui est insoutenable, c'est ce « toujours la même chose », cette répétition obstinée, entêtée, obsédante du même refrain.

Un supplice chinois traditionnel consiste à placer un prisonnier sous un récipient rempli d'eau et percé d'un trou : les gouttes d'eau s'égrènent sur son front avec une régularité d'horloge. *Ploc... ploc... ploc...* Ce qui serait à peine un désagrément si ça n'avait lieu qu'une ou deux fois se transforme petit à petit en supplice atroce, un supplice qui peut conduire jusqu'à la folie.

Changeons de continent.

D'après la mythologie gréco-romaine, en cet instant même Prométhée se fait dévorer le foie et les entrailles par un vautour. Je dis en cet instant même, car son supplice n'a pas de fin : une fois dévorés, son foie et ses entrailles se reforment pour que le vautour se régale encore une fois, et encore une fois, et encore une fois…

Quelle que soit la manière dont on l'imagine, l'enfer est répétitif.

Une nouvelle page

C'est souvent à un renouvellement qu'on aspire lorsqu'on croit aspirer à la mort : on veut se tuer parce qu'on imagine que la mort, et elle seule, peut apporter un *vrai* changement.

Mais supposons que le suicide ne débouche pas sur un changement radical, mais au contraire sur une répétition lancinante et odieuse du pire qu'on ait vécu sur cette terre : après son suicide, le suicidé revivrait son agonie encore et encore.

Qui, le sachant, voudrait encore se tuer ?

Le désir de mourir occulte souvent une envie plus profonde et plus authentique : celle d'un très grand changement. D'un renouvellement. L'envie qu'une page se tourne et que le livre s'ouvre sur une belle surface blanche et lisse où rien n'est encore écrit... tout est encore possible.

Le premier jour du reste de votre vie

Et bien justement, c'est vrai : tout est encore possible.

Chaque matin, une page se tourne et le livre s'ouvre sur une belle page blanche et lisse où rien n'est encore écrit. Cette page blanche, c'est une nouvelle journée. Le premier jour du reste de votre vie.

Vous voulez revivre, renaître ?

Même si vous avez soixante-dix ans, il n'est pas trop tard.

Vous êtes jeune, puisque votre existence à venir commence aujourd'hui même.

Les nouveaux départs sont possibles à n'importe quel âge. À n'importe quel âge on peut se régénérer, se renouveler. À n'importe quel âge on peut redécouvrir le monde avec des yeux neufs et un cœur purifié. À n'importe quel âge on peut retrouver une innocence perdue, récupérer une personnalité fraîche, neuve et curieuse comme celle d'un enfant, et savourer à nouveau (ou pour la première fois) l'émerveillement et la douceur de l'aube.

Il est des gens qui se sentaient aussi mal que possible et qui, après des années de souffrance répétitive, toujours la même souffrance, sauf qu'elle empire, ont goûté à la fraîcheur libératrice d'un changement profond.

Envie d'être mort, ou peur de vivre ?

Dans d'autres cas (ou peut-être qu'il s'agit des mêmes cas pris sous un autre angle), l'envie d'être mort dissimule une terrible peur de vivre.

Appréhensions

Les jeunes sont particulièrement vulnérables à cette angoisse-là.

À la lisière de l'âge adulte, rien ne les lie encore à l'existence qui les attend : ni conjoint, ni métier, ni enfant. Ils regardent autour d'eux, et bien souvent, le monde qu'ils découvrent ne leur dit rien qui vaille. Les adultes qu'ils rencontrent ne leur donnent pas envie de devenir adultes.

Qu'est-ce que le futur leur réserve ?

Métro, boulot, dodo.

Ou pire : une compétition féroce et la nécessité de survivre en milieu hostile, tel un plongeur au milieu des requins. C'est du moins ce que certains supposent. Et à force de le supposer, ils se sentent fatigués de vivre avant même d'avoir commencé.

Mais c'est qu'ils s'imaginent suivant le courant, et que le courant ne tire pas dans le bon sens. À ce propos, voici le témoignage d'une jeune fille de quatorze ans :

> « Je n'arrive plus à aller au collège, mais ce n'est pas par phobie scolaire, pas du tout. C'est par peur de sortir de chez moi et d'aller affronter un monde que je ne comprends pas et qui me terrorise. »

Son angoisse est compréhensible.

Je me souviens de l'appréhension qui était la mienne, quand j'avais dix-sept ans. La vie m'effrayait. Elle m'effrayait tant, que j'aspirais au couvent : une cellule aux murs blanchis par la chaux, une existence calme, sans passion ni orage, tournée vers l'intérieur. Mais j'étais athée et je rêvais de rencontrer l'homme de ma vie… Difficile de prendre le voile dans ces conditions.

On s'imagine parfois que la vie est un monolithe qu'on doit accepter ou refuser sans faire le tri. Si on la refuse, on doit la refuser en entier (suicide, couvent) ; si on la prend, on doit aussi la prendre en bloc.

Heureusement ce n'est pas le cas.

Si vous êtes jeune et que la vie vous fait peur, rassurez-vous : vous ne serez pas obligé de vivre comme *on* vit, pas obligé de faire comme tout le monde. Ainsi, si vous n'avez pas envie de « profiter de votre jeunesse » personne ne peut vous y forcer… Au rebours de ce que suggèrent les magazines féminins et la plupart des médias, le nombril à l'air, le sexe insouciant et l'alcool n'ont rien d'obligatoire.

Et symétriquement, si pour l'instant vous ne voulez pas devenir un adulte sérieux et responsable, personne ne peut vous y forcer non plus : il y a toujours moyen de prendre un chemin de traverse en attendant que l'envie arrive.

Même si toutes les personnes de votre entourage vous poussent à entrer dans le moule, cela ne signifie pas que vous n'avez pas le choix. Cela ne signifie pas que vous devez entrer dans le moule quoi qu'il vous en coûte, même s'il n'est ni à votre forme, ni à votre taille.

Au lieu de rentrer dans le moule, vous pourriez par exemple sortir de la cuisine.

Ou, sans aller jusque là, vous pourriez emprunter le moule pour confectionner votre propre gâteau, que ce soit une tarte inédite, un cake aux abricots qui reflète qui vous êtes, ou une charlotte au chocolat où s'exprime votre personnalité profonde.

Ce que je tente de vous dire avec toutes ces métaphores, c'est que vous intégrer au risque de vous désintégrer n'est pas la seule option. Vous avez nettement plus de possibilités qu'on ne vous le dit. La vie n'est qu'un concept ; ne vous laissez pas effrayer par ce concept. Au jour le jour, on n'est pas confronté à elle, mais à des choix.

Et rien ni personne ne peut vous contraindre à choisir ce que vous ne voulez pas. La décision ultime vous appartient, et vous appartiendra toujours. Personne ne peut vous forcer à quoi que ce soit.

Si aucune des routes que vous distinguez actuellement ne vous inspire, cela ne signifie pas que vous n'avez rien à espérer de la vie, mais plutôt que vous n'avez pas encore trouvé le chemin qui vous conviendra. Cherchez-le avec persévérance sans jamais perdre espoir, et vous finirez par le trouver.

Envie d'être mort, ou peur de choisir ?

Derrière l'envie d'être mort, se cache aussi bien souvent la peur de choisir ou la mauvaise habitude de la facilité : l'habitude de faire encore et toujours le choix le plus conventionnel et le plus mou.

Crise

Je vous l'ai déjà dit à mainte reprise, mais permettez-moi d'insister : la vie est une succession de bifurcations. C'est toujours ceci ou cela, tourner à gauche ou prendre à droite...

La plupart du temps, la différence n'est pas énorme. Qu'on choisisse d'enfiler une chemise bleue ou une chemise jaune ne fait pas une grande différence. Mais parfois l'écart se creuse, et c'est un véritable gouffre qui sépare les deux routes.

Ce qu'on appelle une crise, c'est le moment où l'une de ces bifurcations cruciales se présente : il ne s'agit plus de choisir entre deux options relativement proches, mais entre deux directions diamétralement opposées.

Dans ces moments-là, on n'est pas dégoûté, mais bien terrorisé par la vie, par ses exigences démesurées. Il n'y a aucun moyen de fuir, aucun moyen de faire marche arrière, aucun moyen de ne pas choisir. La stagnation n'est plus une option. Il faut faire un choix.

À gauche, la route qui descend, celle de la facilité ; à droite, la route qui monte.

La route qui monte, c'est presque toujours celle qui fait peur.

Cette route qui monte se présente sous mille et une formes, mais c'est toujours une gageure : avoir une explication à cœur ouvert avec un père autoritaire, se lancer dans un nouvel apprentissage, téléphoner à la fille dont on est amoureux, dire « non » à son patron, « oui » à quelqu'un d'autre, démissionner pour se consacrer à sa vocation, défendre sa dignité contre un pervers narcissique, renoncer à un plaisir pour un principe, sacrifier quelque chose qu'on aime pour sauver quelque chose de plus important, persévérer malgré les obstacles, quitter l'autoroute où tout le monde s'engouffre pour prendre le chemin le moins fréquenté, choisir de faire les choses à sa manière plutôt qu'à la manière « normale »…

Test

Une crise est un test.

Test toujours difficile. Certes, il ne s'agit pas de sauver le monde. Mais franchir les limites de son existence actuelle, faire ce qui est le plus dur, ce qui fait le plus peur, ce n'est pas rien, loin de là.

En choisissant la route qui monte, on sort de son univers, on accède à plus de dignité et de force, on va au-delà de soi-même, bref, on fait preuve d'héroïsme, même si personne n'est au courant.

En vous engageant dans cette route, vous choisissez d'agir, de changer, de grandir, de prendre parti, de faire preuve de patience, de courage. En vous engageant dans cette route, vous relevez un défi, vous gagnez un test.

Au carrefour, l'ennemi chuchote

Quel rapport avec le suicide ?

Bonne question.

Lorsqu'on recule, qu'on refuse de prendre la route qui monte, qu'on cède à la facilité et aux mauvaises habitudes, l'ennemi met tout de suite notre faiblesse à profit en nous chuchotant insidieusement :

« Mais qu'attends-tu pour te tuer ? Ça ne ferait aucune différence : tu es déjà mort... Complètement mort... Tu n'es même pas né... Ta vie ne sert à *rien*, tu es *inutile*. Suicide-toi, ça fera de la place pour les autres. »

Et on ne sait pas quoi lui répondre, car on n'a pas eu le courage de faire le bon choix.

Au carrefour d'une crise, l'autodestruction est l'option que l'ennemi veut nous voir prendre, celle qu'il nous présente encore et encore. Il sait que dès que nous aurons fait un pas dans la bonne direction, nous n'entendrons plus ses appels au suicide. Il sait que dès que nous aurons fait deux pas dans la bonne direction, nous retrouverons le sourire.

C'est pourquoi il rassemble toute sa rhétorique pour nous convaincre de nous tuer : pour lui, c'est le moment ou jamais.

La décision de déménager

Ce jour-là, j'étais couchée sur mon canapé, les yeux fixés sur le mur, écoutant une chanson de Placebo. La voix du chanteur disait : « It's in your reach ; concentrate... » [C'est à ta portée, concentre-toi.] C'est alors que j'ai décidé de déménager.

Pas de quoi en faire fromage, dites-vous ?

À l'époque, je n'avais encore jamais déménagé. Pour moi, un déménagement, c'était la fin du monde. Rien que d'y penser, j'en avais des palpitations. Déménager, c'était quitter le nid familial pour me jeter dans le vide, troquer ma confortable simili-indépendance (à l'époque, j'habitais un appartement dont mes parents étaient propriétaires), pour...

autre chose.

Je ne savais pas quoi.

Pour l'Inconnu majuscule, en somme.

Mais ces derniers temps, l'idée incongrue et inacceptable de déménager s'était mise à me travailler. Je l'avais d'abord repoussée, mais elle était revenue, et revenue encore – avec de plus en plus de force. Et chaque fois que j'essayais de regarder ailleurs, je ne voyais rien que du noir. Comme si, en dehors de cette route, il n'y avait rien. Mais vraiment rien : le néant.

La mort.

En écoutant la chanson de Placebo et en regardant le mur – ce mur qui en symbolisait une autre –, j'ai compris que ce déménagement que je voulais éviter à tout prix, ce déménagement difficile et effrayant, c'était ce que je devais faire... ce que *j'allais* faire.

Que se serait-il passé si je n'avais pas déménagé ?

Je n'en sais rien, bien sûr, mais voilà ce que j'imagine : la tentation du suicide, qui m'avait déjà assaillie, serait revenue en force. Je n'y aurais pas cédé. Je me serais accrochée aux lambeaux de vie fanée qui s'effilochaient inexorablement entre mes doigts. De plus en plus recroquevillée, de plus en plus desséchée, j'aurais poursuivi mon (in)existence jusqu'à ce qu'une maladie ou un accident m'emporte prématurément.

Le choix d'un nouvel appartement

Ceci étant dit, il faut aussi que je vous raconte la suite.

Lorsqu'il fallut choisir mon nouveau logement, j'hésitai entre deux appartements.

Le premier était situé à l'intérieur d'un grand bâtiment prestigieux en plein centre-ville. Avant d'y entrer, on passait par un beau couloir tapissé de miroirs et une jolie cour intérieure où glougloutait une fraîche fontaine. Cet appartement était refait à neuf et d'une propreté impeccable, mais il était aussi très petit, très sombre et très froid.

Le second appartement était situé non loin du premier, en plein centre-ville lui aussi, mais dans une rue assez sale aux murs couverts de tags. Par rapport au premier il était nettement plus grand, confortable et lumineux. Et il était aussi beaucoup moins cher.

Devinez lequel j'ai choisi ?

L'appartement le plus petit, le plus sombre, le plus froid et le plus cher.

À première vue, ça a l'air d'un choix idiot, n'est-ce pas ?

Mais en réalité... c'était bien un choix idiot.

C'était aussi le choix de la route de gauche, celle qui descend : dans un appartement aussi inhospitalier, je risquais de faire de l'arthrite, pas de vieux os. Mon départ n'était qu'un faux départ. Et effectivement, après quelques mois dont certains furent horribles et d'autres merveilleux (mois plus riches en péripéties et rencontres que toute ma vie avant mon déménagement), je revins à ma case départ, l'appartement de mes parents.

En décidant de déménager, j'avais pris la bonne route. En optant pour le charme extérieur au détriment du confort intérieur, j'avais pris la mauvaise route. J'avais préféré l'apparence à la réalité.

Combien de routes ?

Mais peut-être que vous ne voyez pas le rapport avec votre propre vie.

Actuellement, vous n'êtes confronté à aucun choix crucial. Vous êtes peut-être déprimé, mais ça n'a rien à voir avec une décision à prendre. Si vous vous retrouviez face à une bifurcation, vous prendriez sans hésitation la route qui monte, mais devant vous, il n'y a rien de tel.

Rien qu'une longue route monotone...

Une longue route ennuyeuse...

Une longue route barbante sans la moindre bifurcation.

Alors en quoi toutes mes histoires de décision et de choix s'appliquent-elles à vous ?

Ouvrez grand vos yeux et vos oreilles, car ce que je vous dire maintenant est très, très important...

Si, il y a une bifurcation.

Si, il y a deux routes.

Il y a *toujours* deux routes.

Si pour l'instant, vous n'en voyez qu'une, c'est parce que vous regardez au travers de ce que vous savez et de ce que vous croyez. Or, vous êtes mal informé. J'espère qu'en disant cela, je ne vous offense pas. Vous n'êtes pas le seul dans cette situation : ce que nous ne savons pas – et que nous aurions intérêt à savoir – excède toujours largement ce que nous savons... C'est en accroissant la somme de vos connaissances que la bifurcation qui vous fait face commencera à vous apparaître, et plus vous en saurez, mieux vous la verrez : le savoir nous tire de notre torpeur et nous ouvre les yeux.

Envie d'être mort, ou envie d'un bel enterrement ?

Enfin, beaucoup de gens (et en particulier beaucoup de jeunes) confondent l'envie d'être mort avec celle d'un bel enterrement.

Dans sa tête, Félicie se passe et repasse un film dont elle est à la fois la scénariste, le metteur en scène et le personnage principal. Son titre : « Enfin au centre ! »

Couchée dans son cercueil, l'héroïne est très belle. Sa robe blanche ressemble à une robe de mariée. Un sourire céleste flotte sur ses lèvres finement ourlées. Tout le monde pleure, tout le monde fait son éloge, tout le monde prend enfin conscience de ce qu'elle a enduré. Il y a beaucoup de fleurs et de couronnes et sa musique préférée.

Quelqu'un dit : « Elle est heureuse maintenant... » Un autre fait écho : « Oui, elle est en paix maintenant. » Ils écrasent une larme tandis qu'à l'arrière-plan, d'autres sanglotent.

C'est très émouvant.

Mais cette fiction idyllique ne ressemble pas à ce qui passerait réellement si Félicie passait à l'acte, car ce n'est qu'un film de propagande financé par l'ennemi.

À ce film trompeur, il manque les savants efforts du thanatopracteur pour rendre le cadavre de Félicie présentable. Il manque l'amertume plus ou moins contenue de ses parents et amis, la honte qu'ils refoulent, la douleur affolante qui les frappe de plein fouet.

Il y manque surtout la suite, car l'enterrement n'est qu'un début.

Quelques mois et années plus tard, le cadavre solitaire de Félicie se décompose entre des planches humides. Son ventre gonflé crève, sa chair se détache de ses os en lambeaux putrides, son visage s'efface pour devenir une boule de viande anonyme.

Si elle ne s'était pas tuée, à cette date elle serait non seulement vivante, mais plus sage, plus forte et plus avisée, enrichie de savoir et d'expérience par le temps et ses choix.

Peut-être qu'elle aurait arrêté l'alcool et le café et rencontré son âme sœur. Peut-être qu'elle se serait mariée. Peut-être qu'elle aurait quitté la ville pour s'installer à la campagne. Peut-être qu'elle aurait créé son entreprise en ligne. Peut-être qu'elle se serait convertie à une religion qui lui aurait apporté la paix. Peut-être qu'elle se serait ralliée à une association de défense des consommateurs ou des sans-logis. Peut-être qu'elle serait partie remplir une mission humanitaire dans un autre pays, ou remporté une victoire avec Avaaz, ou lutté contre la scientologie. D'une manière directe ou indirecte, elle aurait peut-être sauvé la vie d'autres personnes.

Au film de l'enterrement, il manque aussi la suite pour les survivants.

Quelques mois plus tard, ceux-ci évitent de parler de Félicie. La rancune, la douleur et la colère qu'ils éprouvent contre elle se manifestent d'une manière ou d'une autre. Ils jettent toutes les photos du bon vieux temps où elle souriait encore. Ils ne veulent plus les voir, ces photos, car elles portent toutes en grosses lettres invisibles, sales et sanglantes le mot *suicide*. Ils noient peut-être leur désarroi dans l'alcool. Ils se droguent pour oublier. Ils ont l'impression de devenir fous.

Si vous voulez que votre enterrement soit réellement réussi, souvenez-vous que la première condition à remplir pour cela (condition nécessaire, mais pas suffisante), c'est de faire preuve de patience.

Nous mourrons tous un jour ou l'autre, et cette fin inévitable arrive toujours plus tôt que prévu. Pour qu'elle soit belle, ne la hâtons pas ; hâtons-nous plutôt de devenir tout ce que nous pouvons devenir en nous perfectionnant à tous les points de vue, y compris moral.

À retenir
- Tout.

Conseil
► Relisez ce chapitre.

Lecture recommandée
☐ *Tremblez, mais osez !* **de Susan Jeffers.** À lire pour trouver le courage d'agir d'une manière constructive malgré ses peurs.

5. Une décision logique ?

Toute tentation suicidaire se situe quelque part entre deux pôles.

À une extrémité se trouve la pulsion suicidaire imprévue et irrationnelle : une envie de se tuer qui semble inexplicable.

Philibert la ressent sans la comprendre : pourquoi, soudain, pense-t-il à se jeter sur les rails – alors qu'il est jeune, beau comme un dieu du stade, et plein d'avenir ? Pourquoi est-il dégoûté de la vie, alors qu'il a « tout » ? Pourquoi est-il obsédé par le suicide, alors qu'il ne veut pas mourir ?

À l'autre extrémité du spectre se trouve la tentation suicidaire soi-disant « raisonnable » : on arrive à elle par un raisonnement apparemment rigoureux, comme on arrive bon gré mal gré à une conclusion logique.

Tancrède se dit par exemple : « Mon chien est mort, ma femme s'est remariée, j'ai perdu mon boulot, mes enfants ne veulent plus me parler, mon meilleur ami s'est tué, mon cancer fait des métastases, et j'ai encore vingt ans de zonzon à tirer… *Donc* je n'ai plus rien à faire ici. »

Un raisonnement sous-jacent

Malgré leur apparent contraste, au fond ces deux tentations suicidaires ne sont pas si différentes. L'envie de se tuer est toujours le résultat de propositions qui s'enchaînent, y compris lorsqu'on n'a pas conscience du processus.

Oui, malgré les apparences, la tentation du suicide ne surgit jamais du néant comme un lapin d'un chapeau vide. Elle est toujours la conséquence d'un raisonnement partant d'un point A, passant éventuellement par une étape B, et arrivant à un point C.

Même en cas de pulsion suicidaire incompréhensible, un raisonnement est sous-jacent ; à un niveau subconscient, on réfléchit, on argumente.

Et ce raisonnement a toujours une certaine cohérence : les raisons de se tuer ne sont jamais aussi bonnes qu'elles le paraissent à celui qui les rumine, mais ce sont des raisons. Autrement dit, quand on pense au suicide, on pense.

Et c'est une excellente nouvelle.

Si la tentation du suicide était radicalement illogique, définitivement absurde, si elle relevait de la folie au sens strict, on ne pourrait rien faire pour s'en débarrasser. Mais dans la mesure où, sous la surface, c'est notre esprit qui argumente en faveur de notre meurtre, nous avons la possibilité de contre-argumenter en faveur de la poursuite de notre existence.

Conclusion erronée

Une conclusion (aboutissement d'un raisonnement) peut être erronée pour deux raisons :

– Parce que les données de départ, ou prémisses, sont fausses ;

– Parce que le raisonnement lui-même n'est pas rigoureux.

Mais avec un exemple, ce sera plus clair.

Premier cas : tous les chiens s'appellent Rex ; Médor est un chien ; donc, Médor s'appelle Rex.

La manière dont le raisonnement s'enchaîne est irréprochable, mais comme le point de départ est faux, la conclusion l'est aussi.

Deuxième cas : tous les chiens sont des mammifères ; Félix le Chat est un mammifère ; donc Félix le Chat est un chien.

Le point de départ est juste (les chiens et les chats sont effectivement des mammifères), mais le « donc » ne correspond à rien. Du coup, la conclusion est fausse.

Les pensées suicidaires sont biaisées des deux manières que nous venons d'envisager. « Je *dois* me tuer » n'est jamais la conclusion logique d'un raisonnement fondé sur une connaissance suffisante de la situation. Cette conclusion mortelle est toujours erronée, à la fois parce que son point de départ est faux, et parce que le raisonnement qui y mène est déficient en lui-même. Prémisses erronées ou incomplètes et méthode de déduction faussée : le raisonnement suicidaire n'est qu'un sophisme.

La carte et la boussole

La souffrance obscurcit l'intelligence et parasite la logique. Au-delà d'un certain seuil de souffrance, on n'arrive plus à raisonner avec rigueur.

Imaginez un amateur de trekking qui, en pleine nature, n'aurait à sa disposition qu'une carte périmée qui ne rendrait pas compte de la réalité du terrain et une boussole faussée qui ne lui indiquerait pas le nord. Peut-il se diriger dans la bonne direction ?

Impossible.

Impossible, jusqu'à ce qu'il troque sa vieille carte contre une neuve et fasse réparer sa boussole.

Nous disposons tous d'une boussole et d'une carte pour nous repérer dans l'existence et choisir notre direction. La boussole, c'est notre jugement, notre raison, nos facultés intellectuelles ; la carte, c'est l'ensemble des informations et convictions à partir desquelles nous raisonnons.

Si le meurtre de vous-même vous apparaît comme la solution à tous vos problèmes, le moment est venu d'affûter votre intelligence et de fourbir votre logique. Le moment est venu de vous ouvrir à de nouvelles informations et de nouvelles perspectives.

La tentation du suicide est une Bastille dont la vérité seule peut briser les verrous et démanteler les murs : c'est à se confrontant à des informations exactes et à des raisonnements d'une logique irréprochable qu'on en sort.

À retenir
- La tentation du suicide est souvent le résultat d'un

raisonnement conscient ou subconscient fondé sur des croyances inexactes, la conclusion illogique de prémisses erronées.

• Souvent, le raisonnement qui pousse au suicide est aussi faussé que les prémisses sur lequel il se fonde. Impossible de raisonner sainement quand on patauge au fond du désespoir.

• On se libère du suicide par une réflexion rigoureuse et approfondie et la découverte de nouvelles informations.

6. Un choix sous influence

Le suicide est un acte volontaire. C'est un choix.

Mais ce choix n'est ni éclairé, ni autonome : c'est un choix manipulé.

Un choix sous influence.

Influence de l'ennemi d'abord, qui profite du désarroi de ses victimes déprimées et donc vulnérables pour leur susurrer sa propagande prosuicide au creux de l'oreille 24 heures sur 24.

Mais il n'y a pas que l'ennemi qui pèse invisiblement dans le mauvais plateau de la balance : sa propagande est relayée par d'innombrables voix, dont certaines sont aussi mélodieuses et perfides que celles des sirènes mangeuses d'hommes qui s'en prirent à Ulysse.

Des meurtres presque parfaits

Le crime parfait est celui qui est délégué à la victime : elle se charge elle-même de son élimination. Mais cela ne suffit pas. Pour que le meurtre soit réellement parfait, il faut aussi que la victime ne se doute de rien. Qu'elle croie se tuer librement, sans qu'on l'y ait poussée. Qu'elle n'ait pas conscience que son suicide est à 99 % un assassinat.

Lori Drew défend sa fille

Lorsque, le 16 octobre 2006, Megan, petite adolescente américaine de treize ans, se tua dans sa chambre, sa mort avait toute l'air d'un suicide ordinaire.

Elle était déprimée depuis longtemps déjà. Et puis il y avait ses démêlés sentimentaux avec Josh, un adolescent à peine plus âgé qu'elle... Adolescence, dépression et chagrin d'amour : à première vue, personne n'est coupable dans cette histoire. Personne n'est responsable.

Sauf que Josh n'existait pas.

Il avait été créé de toutes pièces par la voisine, Lori Drew, une mère de famille de 49 ans. La fille de Lori Drew avait des griefs contre son ex-meilleure amie, Megan. Telle une tigresse prête à tout pour protéger ses petits, maman Drew prit à cœur la querelle, et décida de donner une bonne leçon à la vilaine petite fille qui osait s'en prendre à son ange.

Sous la forme de Josh, jeune homme virtuel, Lori flirta avec Megan, l'inonda de compliments, et finalement la repoussa et l'insulta brutalement. Il est vrai qu'entre temps, Lori avait ouvert le lynchage de Megan à d'autres participants : des adolescents tout contents de se défouler par le biais d'Internet sur une jeune fille de leur âge.

Le suicide de Megan est un meurtre parfait.

Ou plutôt *presque* parfait, car s'il était parfait nous n'aurions jamais entendu parler de Lori Drew. La fin de Megan ne serait pas sortie de la catégorie « faits divers » : un suicide parmi tant d'autres.

Madame Selena lit l'avenir (et l'écrit aussi)

Pour lire l'avenir sans faire d'erreur, le plus sûr c'est de l'écrire d'abord.

L'histoire suivante, qui illustre ce point, est racontée par Pierre Bellemare dans *26 dossiers qui défient la raison*.

Un jour, une vieille demoiselle américaine fut retrouvée morte dans son luxueux appartement. Elle avait laissé une lettre d'explication : il s'agissait d'un suicide. Personne n'était à blâmer. Son heure était venue, tout simplement.

La fortune de la demoiselle – considérable – revint à une organisation caritative.

Sauf que...

Sauf que la vieille demoiselle consultait régulièrement

Madame Selena, belle femme sophistiquée et astrologue réputée.

À mainte reprise, Madame Selena avait prévenu sa cliente : compte tenu de la conjecture astrale, elle allait se suicider à telle date. C'était écrit dans le grand livre du Destin. Et la pauvre (quoique riche) demoiselle l'avait crue. À la date annoncée, elle avait suivi docilement le script que Madame Selena avait écrit pour elle. L'organisation caritative n'était qu'un écran ; derrière cet écran se tenait Madame Selena, légataire universelle de sa cliente.

Le policier chargé de l'enquête ne put rien prouver ; madame Selena ne fut pas inquiétée.

Une « pulsion de mort » bien commode

Autre exemple : le célèbre fondateur de la psychanalyse, Sigmund Freud (1856-1939).

Non, sa présence dans ces pages consacrées au suicide n'est pas aussi incongrue qu'elle en a l'air... Freud, dont le casier judiciaire est d'une blancheur extrêmement douteuse, se situe à l'intersection d'un nombre impressionnant de suicides.

Paul Federn, Eugénie Sokolnicka, Wilhelm Stekel, Victor Tausk : autant de fidèles disciples qui se sont tués. Sans parler des patients. Paula Fichtl, qui fut domestique chez les Freud pendant cinquante-trois ans, trouvait étonnant que tant de patients du docteur se soient suicidés. Juste un cas parmi tant d'autres : en avril 1900, Freud analysa Madame Kremzir pendant quatorze jours, puis coupa brutalement court à l'analyse en la traitant de paranoïaque. (Insulte ou diagnostic, en l'occurrence la différence n'est pas claire.) À la suite de quoi, Madame Kremzir se pendit dans une chambre d'hôtel à Vienne.

Il y a deux manières de l'interpréter cette épidémie de suicides autour de Freud :

– On peut accorder le bénéfice du doute au respecté, si ce n'est respectable, père de la psychanalyse, et considérer que Freud attirait les personnalités déséquilibrées et suicidaires : des individus qui se seraient tués de toute façon.

– Ou on peut considérer que Freud avait une influence

pernicieuse sur son entourage : il poussait au suicide les personnes qu'il côtoyait.

Bien sûr, vous êtes libre de préférer la première interprétation, nettement moins dérangeante, mais pour ma part je penche pour la seconde.

En effet :

– Les membres de la famille de Freud n'ont pas été épargnés. Ainsi sa nièce Caecila s'est empoisonnée au véronal en 1922, tandis que le mari de sa nièce Martha s'est tué en 1929.

– Beaucoup de biographes avertis tiennent Freud pour responsable du suicide de Tausk. D'après le Dr Scagnelli, Freud aurait aussi une large part de responsabilité dans le suicide d'Otto Weininger.

– Freud lui-même est l'auteur de plusieurs déclarations qui n'ont rien de rassurant. Voici ce que rapporte Jacques Bénesteau dans son livre, *Mensonges freudiens* (2002) :

> « L'anthropologue Abram Kardiner, analysé par Freud, raconte dans ses souvenirs que lors d'une discussion avec Monroe Meyer et avec Sigmund Freud à propos du suicide récent de deux psychanalystes de Vienne, *Herr Professor* les regarda avec malice et dit : « Eh bien, le jour n'est pas loin où l'on considérera la psychanalyse comme une cause légitime de décès. » Le jeune analyste Monroe Meyer, qui avait droit à six séances hebdomadaires avec Sigmund Freud, ne put faire connaître son avis sur un tel cynisme : il se suicida à son tour. »

Bénesteau cite une autre remarque étonnante de Freud :

> « À la suite du suicide de Joann Honegger le 28 mars 1911 par injection de morphine concentrée, Freud écrivit à Jung : *Je suis frappé de ce que nous consommons beaucoup de personnes.* Effectivement. »

– Enfin, il faut noter que Freud a théorisé l'aspiration au suicide. D'après lui cette tentation constitue une constante, un trait inhérent à la nature humaine. Cette « pulsion de mort » prétendument universelle vient opportunément estomper la responsabilité de Freud, dans l'hypothèse où il serait effectivement impliqué dans plusieurs suicides. Si on accepte la théorie freudienne, ce n'est plus Freud qu'il faut suspecter dans les innombrables suicides qui parsèment sa route, mais la « pulsion de mort » qu'il faut accuser... c'est très commode. Enfin, très commode pour lui.

Après cette petite digression sur le côté obscur du fondateur de la psychanalyse, revenons à notre sujet principal.

Encore une hypothèse dérangeante

J'espère, aimable lecteur, qu'actuellement vous regardez le suicide de loin, avec répulsion ; j'espère qu'il ne vous inspire que du dégoût. Mais je vais tout de même supposer pendant quelques pages que vous êtes tenté par cet acte répugnant.

Laissons pour l'instant Freud en dehors de tout ça. Les histoires de Lori Drew et de Madame Selena prouvent qu'un suicide est parfois un meurtre indirect. Tous les suicides ne sont pas spontanés : certains sont d'une certaine manière téléguidés.

Et si celui que vous envisagez appartenait aussi à cette catégorie ?

Et si vous étiez vous aussi la victime d'un complot ?

Je sais qu'à ce mot de *complot*, certains haussent tout de suite les épaules, comme si l'idée même était ridicule, comme si seuls les fêlés utilisaient ce terme... Pourtant, *complot* signifie seulement : « Projet secret, concerté entre plusieurs personnes, avec l'intention de nuire. » Que les personnes qui ont l'intention de nuire se concertent en secret, n'est-ce pas logique ?

Si elles clamaient leurs mauvais desseins sur tous les toits, elles ne pourraient pas les mener à bien…

Et puis je ne parle pas d'un complot dirigé personnellement contre vous (je ne voudrais pas être à l'origine d'une paranoïa), mais plutôt d'un complot dirigé contre un groupe. Un groupe qui vous englobe.

Vous pensez peut-être : « Non. Personne ne m'influence ; personne ne me manipule. C'est *moi* qui veux me tuer. C'est *moi* qui veux en finir… »

Et l'ennemi pouffe de rire.

Mais si *d'autres* s'en étaient mêlés – sans que vous en ayez conscience ?

La vérité est souvent bien cachée.

Elle est souvent invraisemblable.

Peut-être que derrière votre envie de mourir (ou d'être déjà mort) se cachent des gens que vous ne connaissez même pas. Ils n'ont rien contre vous, peut-être. Mais pour des raisons très égoïstes, ils ne veulent pas que vous ayez accès aux informations qui vous permettraient d'envisager la vie sous un nouveau jour et de reprendre espoir.

Dit comme ça, c'est un peu abstrait... Mais peut-être que ça ne l'est pas tant que ça. Peut-être qu'il y a toujours, dans l'ombre qui entoure un geste autodestructeur, des volontés perverses qui incitent à la destruction de soi.

Pousser au suicide…

Ça paraît vraiment diabolique et vraiment compliqué. C'est diabolique, certes, mais peut-être que ce n'est pas si compliqué que ça, quand on sait comment s'y prendre. On a trop tendance à expliquer par le hasard, la fatalité ou la malchance, ce qui a des causes bien précises. Je ne parle pas des tremblements de terre – je parle de ce que font les gens.

Fumer.

Boire trop.

Conduire à 200 km/heure.

Se droguer.

Se tuer.

Un faisceau convergent de causes a permis, suscité, facilité et félicité ces comportements aberrants. Et il est plus facile de blâmer « pas de chance », ce bouc émissaire fantomatique qui ne saurait protester de son innocence, que de blâmer...

Qui ?

Ceux qui poussent les autres vers la mort tout en restant à l'abri

Il arrive parfois qu'une personne déprimée en déprime une autre, sans le vouloir. Elle n'arrive pas à protéger son entourage contre l'influence délétère de son mal-être. Mais il y a des gens qui ont un tout autre profil, et qui eux savent très bien ce qu'ils font.

Eux ne sont pas dépressifs, ni angoissés, ni désespérés – au contraire, ils adorent la vie – et c'est de manière tout à fait délibérée et consciente qu'ils poussent les autres vers la mort. Ces gens sont nombreux, parce qu'il y a de nombreuses manières de pousser les autres vers la mort et que c'est rentable.

En d'autres temps, on les appelait des *méchants*, sans que le mot paraisse enfantin ou dérisoire. Aujourd'hui, on les appellerait des *salauds*, si une perte générale de repères n'avait pas estompé les notions de bien et de mal. (« Tout est question de point de vue, tout est subjectif, relatif, bla, bla, bla... »)

Pendant la Première Guerre mondiale, les journalistes et propagandistes qui encourageaient vivement les autres à aller se faire tuer tout en restant tranquillement à l'arrière faisaient partie de cette catégorie-là. Mais il y a des façons moins évidentes de pousser les autres vers la mort.

On peut penser à Freud, mais il n'y a pas que lui.

Les publicistes qui célèbrent sur des millions d'affiches les vertus rafraîchissantes et désaltérantes d'une boisson alcoolisée en période de canicule savent très bien que leur travail de « créatif » est à l'origine d'accidents mortels sur les routes et de vies bousillées par l'alcool. Ils continuent quand même, parce que ça leur rapporte de l'argent et qu'ils n'ont pas assez de sens moral, ou conscience, pour que ça les dérange.

Les scénaristes, réalisateurs et metteurs en scène qui font des films et des téléfilms saturés de violence, de sadisme, de désespoir et de sang, films qui inspireront directement ou indirectement des meurtres, des viols et des suicides bien réels, savent très bien ce qu'ils font, eux aussi. Et on leur donne des trophées dorés pour « l'ensemble de leur œuvre ».

Il y a encore bien d'autres façons, encore plus cachées et subtiles, de pousser les gens à se tuer.

On peut par exemple chanter « On ira tous au Paradis... » (si c'est vrai, pourquoi ne pas y aller tout de suite ?) ou développer dans des ouvrages de spiritualité des idées très séduisantes sur l'Inconnu majuscule et la joie de vivre dangereusement.

Le courage : la joie de vivre dangereusement est d'ailleurs le titre d'un livre bien réel, écrit par un gourou exotique. Le simple fait d'associer les mots *joie, vivre* et *courage* à l'adverbe *dangereusement* constitue déjà une incitation subtile à prendre des risques. Le contenu du livre va dans le même sens : c'est un éloge de l'imprudence mortelle, une célébration du saut à l'élastique sans élastique.

Carlos Castaneda, le pseudo-anthropologue, excellait lui aussi dans ce genre d'incitation retorse.

Tous ses livres sont des apologies brillantes du Grand Inconnu, et de son exploration. Se sachant condamné par une maladie mortelle, Castaneda a d'ailleurs su convaincre deux jeunes femmes de se suicider, pour l'accompagner dans la mort... Si elles n'avaient pas adhéré à ses idées et cru à ses beaux discours, elles seraient encore en vie, elles seraient peut-être heureuses aujourd'hui.

On peut dire que tous ces gens, qui sont souvent très célèbres et très bien considérés, plantent de jolies fleurs parfumées au bord d'un gouffre vertigineux, mortel, puis incitent les passants à se pencher vers elles pour en apprécier le parfum. Ceux qui tombent ne risquent pas de leur faire un procès, et ceux qui ne tombent pas les remercient sans voir le gouffre.

Bref, il y a des gens qui vivent de la mort des autres – un peu comme les vautours et les hyènes.

Ils vendent des armes, de la drogue, de l'alcool, du poison, des images et des idées qui sont pareilles à des couteaux sans manche (on ne peut s'en saisir sans se blesser soi-même), tandis qu'eux-mêmes ne se battent pas, ne se droguent pas, ne boivent pas, ne se suicident pas, et ne croient pas à ce qu'ils racontent.

Ils appellent les gens au bord du gouffre, leur expliquent que s'ils y croient très fort et qu'ils sautent, ils vont s'envoler, puis quand tout le monde est mort, ramassent les portefeuilles et rentrent tranquillement chez eux par le chemin le plus sûr pour recommencer le lendemain avec d'autres...

Depuis la nuit des temps, il y a des joueurs de flûte pour entraîner ceux qui les suivent, fascinés, à leur perte. Certains réalisateurs de films, certains chanteurs, certains auteurs, certains « sages » sont des joueurs de flûte tout aussi experts que celui de Hamelin. Lorsqu'on veut vivre, réussir sa vie, être utile, mieux vaut ne pas les écouter.

Deux camps

L'abbé Pierre et Jack l'Éventreur ne jouent pas dans la même équipe. Même si ce découpage binaire paraît de nos jours grossier, manichéen, et complètement archaïque, l'Humanité continue à se partager en deux camps : les gentils et les méchants.

Or tous ceux qui, tout en appartenant au camp des gentils, ignorent que l'autre camp existe l'ignorent à leurs dépens, car leur ingénuité en fait des proies faciles pour les rapaces en tous genres.

Si vous êtes gentil, souvenez-vous que des raisonnements d'un égoïsme sordide que vous ne pourriez jamais tenir, d'autres se les tiennent. Souvenez-vous que des actes dont vous ne seriez jamais capable, d'autres en sont capables. Souvenez-vous que *cruauté* et *méchanceté* ne sont pas que des mots. Bref, libérez-vous de l'égocentrisme naïf qui caractérise l'enfance : prenez conscience que tout le monde n'est pas comme vous.

Le mal existe en tant que tel ; il n'est pas réductible à autre chose que lui-même, que cette « autre chose » soit de la folie, de l'ignorance ou un malentendu. Ne faites donc pas l'erreur de prendre la méchanceté des méchants pour un simple « bug »... Elle est beaucoup plus que cela.

Riche à son insu

L'histoire que je vais vous raconter maintenant a une dimension allégorique, signification cachée que vous découvrirez lorsque vous l'aurez lue jusqu'au bout. Accordez-moi toute votre attention, je vous prie.

Il était une fois, dans un pays sans nom et à une époque

indéterminée, une petite poule blanche à l'âme candide et au plumage immaculé. Elle faisait « cot, cot, coooot... », comme toutes les poules, mais ce n'était pas une poule ordinaire.

Cette poule était plus fine et exotique que la Bantam de Pékin porcelaine, plus noble et mignonne que la Wyandotte herminée naine. C'était un animal surprenant, d'une beauté surnaturelle : une petite boule de clarté plumeteuse au bec rose et nacré dont la crête argentée étincelait comme une décoration de Noël.

De toutes les caractéristiques de cette créature, la plus étonnante était qu'elle pondait des œufs qui, pour n'être pas comestibles, n'en étaient que plus précieux : son propriétaire trouvait chaque matin dans la paille de son poulailler un lingot d'or ovoïde de 24 carats.

Le propriétaire de la poule aux œufs d'or n'avait, lui, rien d'extraordinaire. Chaque semaine, il allait au marché pour échanger les œufs de sa poule contre d'autres choses : des fruits, des légumes, des vêtements.... Rien de bien faramineux, juste de quoi survivre.

Vous pensez qu'il aurait pu céder ses œufs contre plus, contre mieux ?

Vous avez parfaitement raison, mais c'est ainsi que procédaient son père et son grand-père. Le propriétaire avait hérité la poule de ses ancêtres, et faisait comme ils avaient fait. C'était la tradition. Le propriétaire de la poule aux œufs d'or n'avait rien d'un libre penseur.

Mauvaise influence

Le propriétaire de la poule aux œufs d'or vivait seul dans une petite maison et parfois, il se sentait envahi par la mélancolie. Un soir, pour la première fois, il décida de faire un tour au bar du village. C'est là qu'il rencontra... Non, je vais tourner ma phrase autrement : c'est là qu'il fit une mauvaise rencontre.

Ce villageois-là n'avait l'air de rien, l'air de n'importe qui, l'air de tout le monde. Aucune lueur diabolique dans son regard ;

rien de satanique dans son sourire banal. Son visage ne présentait aucun signe particulier, et lorsqu'il se tenait immobile devant un mur, personne ne le remarquait. C'était vraiment monsieur Tout-le-Monde.

Ce villageois (il s'appelait Durant ou Dupont) devint l'ennemi intime du propriétaire de la poule aux œufs d'or. Assis devant une bonne bière pression, le propriétaire de la poule aux œufs d'or discutait amicalement tous les soirs avec lui… ce fut son erreur, et il la paya très cher – mais n'anticipons pas.

Petit à petit, par petites phrases glissées l'air de rien dans la conversation, le villageois commença à instiller le doute dans l'esprit du propriétaire de la poule : les beaux œufs dorés qu'il récoltait étaient-ils vraiment en or ?

Ou s'agissait-il seulement de contre-plaqué ?

Le propriétaire ne s'était jamais posé cette question auparavant ; dès qu'il se la posa, le villageois en profita pour lui greffer de nouveaux doutes sur le premier…

De semaine en semaine, de bière en bière, le propriétaire de la poule aux œufs d'or en vint à croire tout ce que lui suggérait le villageois.

Il faut dire que lorsque le propriétaire avait atteint un certain degré d'alcoolémie, le villageois sortait de sa poche un pendule et l'hypnotisait en lui susurrant des phrases soigneusement choisies d'une voix douce… (Comme le bar était sombre et qu'ils étaient assis dans un coin, personne ne prêtait attention à son manège.)

Dans l'esprit suggestionné du propriétaire, un nouveau point de vue prenait petit à petit forme ; une nouvelle vision de la vie, de lui-même et de sa poule émergeait progressivement des vapeurs de l'alcool.

Poule au pot

Un beau jour, le propriétaire se réveilla avant l'aube, à cinq heures, avec une horrible gueule de bois. Sa poule grattait au bas de la porte en gloussant avec insistance. Elle réclamait son grain.

Cette petite contrariété, dont il tint sa poule pour responsable, fut la goutte d'eau qui fit déborder le vase. Mais le vase lui-même n'avait pas été rempli par la pauvre poulette, qui n'en pouvait, mais ; c'était le villageois qui l'avait patiemment rempli, petite phrase après petite phrase, sous-entendu après sous-entendu.

Le propriétaire de la poule aux œufs d'or se tint alors à haute voix le discours suivant (il avait pris l'habitude de parler tout seul) :

« Mais pourquoi est-ce que je me complique la vie avec cette stupide volaille qui ne sait que caqueter et faire caca partout ?! Depuis le temps que je me fatigue à la nourrir… Et ses œufs ne valent rien, d'ailleurs ça fait des mois que je n'ose même plus les porter au marché. Et la dernière fois que je l'ai fait, je n'ai obtenu qu'un sac de haricots verts. D'ailleurs, c'est normal : qu'est-ce que je peux espérer en échange d'un œuf de laiton doré ? Ça n'intéresse personne, ça n'a aucune valeur. Toute cette histoire a suffisamment duré ; aujourd'hui est le jour de la libération ; aujourd'hui cette insupportable volaille va enfin se rendre utile. »

Et sans réfléchir davantage puisque ce n'était pas son genre, le propriétaire tordit le cou de sa poule et en fit une poule au pot. Il la mangea sans état d'âme à dîner, mit les restes au garde-manger pour le lendemain, car il ne pouvait se permettre de gaspiller la nourriture, puis se rendit au bar pour retrouver son *ami*.

« *Pourquoi es-tu si bête ?* »

Lorsqu'il lui annonça, avec une certaine fierté, qu'il avait tué et mangé sa poule, l'autre se mit à rire, à rire à gorge déployée, à rire encore et encore… Ce n'était pas un rire normal, mais un ricanement satanique à donner la chair de poule… Sauf qu'il n'y en avait plus, de poule !

Lorsqu'il eut ricané sarcastiquement tout son saoul, l'homme prit un air apitoyé et paternaliste et adressa ces paroles mémorables à l'ex-propriétaire de la poule aux œufs d'or :

« Quelle erreur ! Quelle *tragique* erreur ! Mon pauvre ami, tu as détruit ta seule ressource, ton seul espoir… Tu étais riche sans le savoir, et maintenant tu n'as plus rien ! Tu ne retrouveras jamais, jamais et nulle part, une poule comme la tienne. Tu as tout perdu, et tout perdu *par ta faute* ! C'est vraiment dommage. Mais aussi, pourquoi es-tu si *bête* ? »

Et sur ces mots, secouant la tête comme pour exprimer son découragement face à un être aussi stupide, il partit sans payer sa consommation. L'ex-propriétaire de la poule aux œufs d'or resta stupéfait, et seul. Pour lui, le temps des regrets ne faisait que commencer.

Une journée en or

Et si votre existence était un trésor ?

Un trésor unique et précieux, une chance exceptionnelle à saisir ?

La vie est une poule surnaturelle qui nous offre chaque matin une nouvelle chance, une nouvelle journée en or de 24 heures. Le jour où nous prêtons l'oreille à l'ennemi intérieur, et aux mauvais conseillers qui s'en inspirent, nous en venons à croire qu'elle n'est qu'un gallinacé banal et que ses œufs sont en toc. Ceux qui se débarrassent de leur poule aux œufs d'or faute de connaître sa valeur ont tout perdu.

Ils n'auront pas de seconde chance.

Ils ne s'avouent pas vaincus

Revenons maintenant à notre sujet. À la différence de tous ceux qu'on incite au suicide à leur insu, ceux qui ont conscience qu'on les pousse dans le dos renâclent. À ceux qui souhaitent leur mort, ils ne veulent pas faire ce plaisir.

Voici un exemple de cette saine résistance :

> « Le suicide, c'est pour les faibles. Je déprime beaucoup et j'y pense, mais alors je prends conscience que le monde gagnerait et je dis *Monde, va te faire f...* ! Je ne m'avoue pas vaincue si facilement. D'une certaine façon c'est ma raison de vivre. Parce que je suis trop entêtée. »

L'auteur du témoignage suivant est André Bitton, rescapé de la psychiatrie qui s'exprime dans le livre *Pour en finir avec la psychiatrie* (2008) :

> « Personnellement, je n'ai jamais tenté de me suicider et je ne le ferai jamais. Je préfère croiser le fer, me battre. J'en prendrai tant qu'il le faudra dans la figure, mais je ne renoncerai pas à mon droit de vivre. Le fait de pouvoir vivre est pour moi un but suprême, alors même que j'ai eu durant ma jeunesse de réelles difficultés à subsister au point que j'ai fait de la mendicité pendant cinq ans. Je pense qu'un détenu ou un interné qui se suicide donne trop de facilités à notre société dont le rêve profond est de se débarrasser de nous. Et que c'est vraiment trop facile ! »

Le troisième exemple de résistance nous est donné par l'Américaine Kathleen Sullivan, une rescapée du contrôle mental à base de traumatisme (« trauma-based mind control »). Son histoire, horrible et invraisemblable, n'en est pas moins vraie. D'autres témoignages d'autres victimes la confirment. Si vous voulez relativiser tous vos malheurs, vous pouvez lire l'histoire de sa vie : *Unshackled : A Survivor's Story of Mind Control.*

Dans le cadre du projet MKULTRA mis au point par la CIA, Kathleen Sullivan a été soumise à des tortures d'un sadisme inimaginable et aux viols les plus sordides dès sa plus tendre enfance. Elle n'a pourtant jamais voulu se tuer :

> « Parce que j'ai vu des gens se faire assassiner et leur meurtre être maquillés en suicides, il est hors de question que je me suicide. Si un souvenir est absolument insupportable et que je ne peux pas me le remémorer sans danger chez moi, j'appelle mon psychiatre et demande à être internée à l'hôpital pour que je puisse y survivre. »

Kathleen Sullivan ne veut pas se tuer et ne se tuera pas, mais ça ne veut pas dire qu'elle n'a jamais eu de pulsions suicidaires. Elle a été conditionnée par ses bourreaux, ou plutôt elle a été *programmée*, c'est le terme exact, pour se tuer dans certaines circonstances. Quand elle lutte contre la tentation de se tuer, ce n'est pas contre une hypothétique et théorique « pulsion de mort » qu'elle lutte, mais contre cette programmation.

Ce qui nous ramène à notre première hypothèse. Et si la plupart des candidats au suicide avaient été programmés pour se tuer ?

D'une manière moins atroce et méthodique que les victimes de contrôle mental, certes. Mais peut-être qu'eux aussi ont été conditionnés.

En tout état de cause, mieux vaut *croiser le fer, se battre* que de se laisser faire. Souvenez-vous des paroles d'André Bitton :

> « J'en prendrai tant qu'il le faudra dans la figure, mais je ne renoncerai pas à mon droit de vivre. »

Nous avons tous quelque chose à apprendre de sa volonté irréductible de vivre.

À retenir

● Derrière le choix que le suicidaire croit libre se cache souvent, peut-être toujours, la volonté perverse de quelqu'un d'autre.

● Il y a toujours eu, et il y aura toujours, des gens pour inciter les autres à se tuer : c'est une activité très lucrative.

● Les gentils ont intérêt à savoir qu'il y a des méchants très intelligents qui veulent les voir tomber du haut de la falaise.

Conseils

▶ Si vous pensez à la mort, regardez derrière vous : êtes-vous sûr que personne ne vous pousse ?

▶ Soyez moins crédule et influençable qu'une adolescente de treize ans, qu'une vieille demoiselle férue d'astrologie, ou qu'un disciple de Freud : ne vous laissez pas suicider.

▶ Ne ne jetez pas votre trésor, ne sous-estimez pas la valeur de votre vie. Elle est en or, comme les œufs de la poule aux œufs d'or.

▶ Ne vous laissez pas faire. Ne vous laissez pas mener à l'abattoir comme un mouton. Battez-vous pour votre vie. Battez-vous contre vous-même s'il le faut ; battez-vous contre les autres s'il le faut. Ne devenez pas un chiffre de plus dans les statistiques d'un pervers.

▶ Cultivez votre esprit de contradiction, il peut vous sauver la vie.

7. Des préjugés sur la suite

Certains préjugés sur l'Au-delà peuvent y conduire plus vite que souhaitable.

Le néant, très certainement

Certaines personnes se disent :

« Si je me tue, je partirai enfin vers le néant... Je ne souffrirai plus... Enfin la paix... Quel soulagement !... »

Mais qu'est-ce qui leur garantit que, si elles passaient à l'acte, le résultat serait celui qu'elles espèrent ? Ont-elles la preuve écrite, la garantie signée, qu'effectivement il n'y a rien après ?

Aucun suicidé n'a ressuscité pour leur dire que son suicide lui a apporté la paix... Et si un ami à vous, qui s'est tué, est venu vous rendre visite dans un rêve pour vous en informer, méfiez-vous. Rien ne vous garantit que c'est bien lui.

Peut-être que la mort est un point final, mais c'est un « peut-être » : il n'y a aucune preuve décisive en ce sens.

Si personne ne revient pour expliquer ce qu'il y a après, ce n'est pas forcément, ce n'est pas automatiquement parce qu'il n'y a rien ou que c'est génial. Ce pourrait tout aussi bien être parce que les défunts n'ont pas l'autorisation de revenir pour raconter comment ça se passe pour eux de l'autre côté.

Peut-être que les innombrables personnes qui se sont tuées l'ont regretté, le regrettent, et n'ont aucun moyen de nous mettre en garde contre ceux qui prétendent que la mort est une fin ou qui repeignent le suicide en joli.

Permettez-moi de faire une hypothèse un peu dérangeante.

Et si, au lieu de mettre un point final à toutes leurs souffrances, les suicidés partaient pour une destination à laquelle ils ne sont nullement préparés – tels d'innocents touristes débarquant avec leurs parasols et leurs tongs dans un pays à feu et à sang déchiré par la guerre ?

Une décision irréfléchie, un acte irréversible les conduisent peut-être là où ils regrettent terriblement d'être arrivés. Mais il est trop tard pour faire marche arrière. Aucun retour n'est possible ; la porte ne s'ouvre que dans un sens.

Ce que j'essaie de vous dire, c'est que personne ne peut être *sûr*, ne peut être *certain* de trouver dans le suicide la paix qu'il y cherche. Cette incertitude-là n'est rien moins qu'un détail, et ce n'est que par une mauvaise hygiène mentale que certains arrivent à se persuader que ça en est un.

Ne devrait-on pas réserver sa confiance aux certitudes ?

Commettre un acte irréversible en se fondant sur une supposition est aussi imprudent que bâtir sa maison sur une falaise en calcaire très érodée, tout près du bord.

Une autre chance ?

La réincarnation est une autre croyance attrayante. Dans les moments de spleen intense, elle ouvre des perspectives riantes :

> « J'ai déjà vécu tant de vies, et j'en vivrai tant d'autres... Malheureusement celle-ci est complètement nulle... Si je me tue, je me réincarnerai. Je recommencerai à zéro, sur des bases plus saines... Cette vie n'est qu'une répétition... ratée. Dans ma prochaine vie, je ne ferai pas les mêmes erreurs. »

Mais s'il n'y avait en fin de compte qu'une vie ?

Qu'une chance ?

Que cette existence était une opportunité unique ?

Et que la réincarnation était un mythe forgé et insinué par l'ennemi intérieur pour savonner la pente du suicide sous nos pieds ?

Grégoire est profondément convaincu que la réincarnation est une réalité. Il a lu des témoignages ; il a lui-même des souvenirs très nets de ses vies antérieures. Pour lui, c'est une certitude quasi scientifique.

Cependant s'il réfléchissait soigneusement à son passé, il découvrirait que ses souvenirs de vie antérieure ne sont pas antérieurs à sa croyance à la réincarnation.

Il n'a pas commencé par avoir des réminiscences, puis cru à la réincarnation, mais l'inverse : il a d'abord cru à la réincarnation, puis les « souvenirs » sont apparus. Les gens qui n'ont jamais entendu parler de la réincarnation n'ont aucun souvenir de leurs vies antérieures.

N'est-ce pas étrange ?

Je ne dis pas que la réincarnation n'existe pas, je dis que, sur ce sujet, les convictions ne peuvent pas être des certitudes. Même si on a l'impression de *savoir*, on ne peut que *croire*.

Et croire quoi ?

Des idées bizarres et vaguement malsaines : « Mémé s'est changée en vache sacrée, pépé est revenu sous la forme de son arrière-petite-fille, dans une vie antérieure j'étais grand inquisiteur, mon amant d'une autre vie est dans cette vie-ci mon père, etc. »

La croyance à la réincarnation projette dans un univers étrange et confus où une personne en est plusieurs, sans qu'on sache jamais laquelle est la principale ou la vraie.

L'enfer avec des œillères

Et maintenant, parlons d'une hypothèse à laquelle, peut-être, vous n'avez jamais accordé le moindre crédit : l'enfer.

Oui, je sais, l'enfer c'est dépassé… archaïque… rétrograde.

Mais le progrès a-t-il changé quelque chose à la condition humaine ?

Les autos et les grille-pain se démodent, le style des vêtements change aussi vite que les saisons, les ordinateurs remplacent les machines à écrire qui remplacent les stylos à bille qui remplacent les stylos à plume qui remplacent les plumes d'oie, mais aujourd'hui comme hier, au vingt-et-unième siècle comme au douzième siècle, 100 % des individus présents sur terre à un moment T sont condamnés à mourir.

Du coup, en ce qui concerne la mort et ce qu'il y a après, ce qui était vrai (ou faux) il y a mille ans reste probablement vrai (ou faux) de nos jours.

Il est rare qu'un candidat au suicide pense à l'enfer, mais quand cette possibilité lui effleure l'esprit, une petite voix suave et insinuante le rassure : « Ne t'en fais pas : l'enfer, c'est sur terre… D'ailleurs, un châtiment infini pour des fautes finies, ce serait comme la guillotine pour un excès de vitesse... Dieu, s'il existe, n'est pas du genre à punir comme ça. »

Ou la petite voix lui dit : « L'enfer est réservé à ceux qui y croient : ceux qui ne croient pas à l'enfer n'iront pas en enfer… Tu peux te tuer en toute sécurité, tu ne cours aucun risque. »

Mais aucun de ces arguments ne tient vraiment la route.

Certes, la terre n'a rien d'un paradis. Cependant on peut fort bien imaginer un endroit pire : un endroit où la douleur serait mille fois plus intense et ne connaîtrait pas de répit. Le caractère plus ou moins pénible de la vie sur terre n'est un argument ni pour, ni contre l'existence de l'enfer.

Et pour ce qui est de la disproportion entre le châtiment et la faute, qui peut vraiment en juger ? Les définitions que nous nous faisons du bien et du mal varient selon notre situation et notre état d'esprit : elles sont trop versatiles pour qu'on puisse s'y fier.

Quant à l'idée qu'il suffit de ne pas croire à une chose pour l'éviter, elle est ridicule. Suffit-il de ne pas croire à la loi de la gravitation pour rester suspendu en l'air au-dessus du vide, comme le coyote de Tex Avery ?

D'ailleurs, lui aussi finit par tomber, au bout de quelques fractions de seconde... même dans les dessins animés les lois de l'univers ne sont que très provisoirement abrogées.

Je ne dis pas que l'enfer existe, je dis que personne ne peut être absolument sûr qu'il n'existe pas.

Quasiment toutes les religions ont parlé de l'enfer un jour ou l'autre : l'hypothèse mérite au moins qu'on la prenne en considération quelques secondes. Tomber dans la poêle à frire en s'extrayant de la casserole, ce serait vraiment trop bête.

A priori sur le Paradis

Récompense d'un côté, châtiment de l'autre : l'enfer et le paradis formaient à l'origine un diptyque équilibré.

Mais la symétrie a été rompue. De nos jours l'enfer n'a plus la cote tandis que l'idée de paradis est, elle, toujours aussi prisée.

« De tout temps, dit Molière (1622-1673), il s'est glissé parmi les hommes de belles imaginations que nous venons à croire, parce qu'elles nous flattent et qu'il serait à souhaiter qu'elles fussent véritables. »

Il est très agréable de croire au paradis et beaucoup moins plaisant de croire à l'enfer. C'est probablement la raison pour laquelle beaucoup de gens croient au premier tout en niant farouchement l'existence du second.

« On ira... »

S'il fallait exprimer de manière explicite la croyance à la mode, le credo illogique qui de nos jours flotte sous une forme nébuleuse dans tant de cerveaux, cela donnerait à peu près ceci :

« L'enfer est un mythe dérisoire, une plaisanterie, un épouvantail pour esprits moyenâgeux et crédules, mais par contre, nous irons tous au Paradis, comme dans la chanson. La démocratie, c'est le paradis sur la terre ; donc le paradis, c'est la démocratie dans le ciel. Nous sommes tous égaux, tous pareils. Les méchants sont comme les gentils, et d'ailleurs, les méchants, est-ce que ça existe ? Il n'y a que des gens qui souffrent. Il n'y a que des victimes. Oui, on ira tous au Paradis... Ce n'est pas Dieu qui l'a dit, mais un chanteur qui cache ses yeux et montre ses fesses : on peut donc lui faire confiance. »

Sous l'influence de ce credo fumeux, beaucoup de gens se disent : « Si je me tue, je rejoindrai mon grand-père [ou ma sœur, mon mari, mon enfant, etc.] au Paradis... »

Curieusement, ce sont souvent les mêmes personnes qui :

– s'imaginent que leur suicide leur permettra de rejoindre un être cher dans un endroit merveilleux ;

– sont sûres de l'inexistence de Dieu.

Selon elles Dieu n'existe pas, mais après la mort on retrouve tout de même ses proches décédés dans une espèce de paradis... Paradis créé *pour* elles, d'accord, mais *par* qui ?

Elles ne se posent pas la question.

Made in Hollywood

On aura une autre chance, l'enfer n'existe pas, la mort est une séance de relaxation dans un centre de balnéothérapie, un retour à une grande lumière d'amour inconditionnel, une entrée gratuite pour le paradis...

Toutes ces croyances sont rarement le résultat d'un choix éclairé. C'est rarement après un examen réfléchi et une recherche approfondie des preuves disponibles que l'on décide de les adopter.

Mais alors, d'où viennent-elles ?

Si on examinait ces espérances de près, on lirait, imprimé dans un coin en petits caractères, cette indication : *belief made in Hollywood* (croyance fabriquée à Hollywood).

En effet d'innombrables films et téléfilms font passer le message suivant : quand on meurt, et de quelque manière que l'on ait vécu et décédé, on va directement dans une espèce de paradis très sympathique et lumineux où l'on retrouve tous ses chers disparus.

À force de nourrir son imagination de fictions de ce genre, on finit par y croire un peu. Et puis un peu plus. Et puis beaucoup. C'est ainsi que beaucoup de gens finissent par supposer qu'en se tuant ils rejoindront un bien-aimé dans le ciel, idée attrayante qui les incite à passer à l'acte idiot...

Mais au fait, qui fabrique les films que tout le monde regarde et avale, pour ne pas dire gobe, qui fabrique ces films par lesquels tout le monde se fait influencer peu ou prou sans y prendre garde ?

Qui travaille à Hollywood ?

Ce ne sont pas de grands sages ou de grands savants, ce ne sont pas des prophètes ou des gourous ayant reçu l'illumination, mais des spécialistes de la fiction, des images, du son et de la mise en scène.

Autrement dit, des illusionnistes.

Autrement dit encore, des menteurs professionnels (sans connotation péjorative).

Hypnotisés par une magie technologique, séduits par de belles images plus ou moins virtuelles, des acteurs charismatiques, une histoire captivante, une musique enivrante et des effets spéciaux et spécieux, des millions de gens font confiance à ces menteurs professionnels pour savoir ce qu'il y a après la mort.

Mais si le paradis-pour-tous, gratuit et sans aucune obligation, n'était qu'un ver de terre aguicheur se tortillant sensuellement au bout d'un hameçon ?

Et que l'ennemi ait mis l'appât ?

Là encore, je ne dis pas que le paradis n'existe pas. Je ne dis pas non plus qu'il se mérite, que pour l'obtenir il faille payer le prix de l'entrée. Je dis juste qu'on ne devrait pas prendre de décision sans avoir soigneusement examiné et pesé toutes les possibilités. Sur un sujet aussi crucial que celui-ci, il ne faudrait exclure aucune éventualité a priori, mais plutôt les mettre toutes à plat et raisonner calmement, froidement, logiquement.

À qui se fier ?

Les gens qui affirment ou suggèrent qu'il n'y a rien ou quelque chose de merveilleux après la mort, après *n'importe quelle* mort, ne sont pas plus fiables que n'importe qui. Et généralement, eux ne se tuent pas.

Comme c'est bizarre...

Quelqu'un nous a-t-il promis qu'après le suicide on est soulagé, on ne souffre plus ?

Nos parents ?

Non.

Le professeur de philosophie que nous avions au lycée ?

Celui de biologie ?

Cette idée a forcément une origine. Nous l'avons certainement héritée de quelqu'un. Quelle que soit la personne qui nous a convaincus que l'après-suicide est un néant réconfortant, cette personne-là n'a pris aucun risque. Elle est restée bien au sec, sans se mouiller. Personne ne nous offre une garantie « Satisfait ou remboursé ».

Pour connaître la réponse à une question telle que « Qu'y a-t-il après quelle mort ? », il serait plus raisonnable de se fier à des livres révélés ou de rester dans le doute plutôt que de croire à des fictions hollywoodiennes ou à ce que chante une pop star.

De même que sur un sujet tel que : « Ça fait quoi d'avoir des fans qui portent les mêmes lunettes et la même moumoute que vous ? », il serait plus raisonnable de croire Michel Polnareff que des livres révélés. À chacun sa spécialité…

Une hypothèse dérangeante

« Qu'importe ? » souffle la voix diabolique. « Qu'importe l'enfer, le paradis, la réincarnation ou le néant ? De toute façon on va tous mourir… On n'y échappera pas. Alors, pourquoi attendre ? Mieux vaut mourir tout de suite que vivre malheureux en attendant la mort… »

Effectivement, nous allons tous mourir un jour ou l'autre.

Mais pouvons-nous être sûrs que nos choix n'auront aucune influence, aucun impact sur notre avenir post mortem ?

Après tout, ils en ont un énorme sur notre avenir *ante* mortem.

Toutes nos décisions et tous nos choix ont des conséquences. Des conséquences à court terme et d'autres à long terme. Nous récoltons ce que nous semons, tout ce que nous semons, rien que ce que nous semons. Alors peut-être que la manière dont nous vivons et les choix que nous ferons, vivants, auront des conséquences sur nous, morts. Se tuer est un choix : qui sait s'il n'a pas des répercussions sur l'après-suicide ?

Supposez une minute, juste soixante secondes, qu'après son suicide le suicidé se retrouve non pas dans un autre monde merveilleux ou dans un paisible néant, mais en un lieu où il revit ses derniers instants. S'il s'est pendu... il étouffe, asphyxié, encore et encore. Quel que soit le moyen qu'il a pris pour mourir, il revit son agonie en détail, encore et encore.

Supposition gratuite, malsaine ?

Dans la mythologie gréco-romaine, les enfers sont un tel lieu : ceux qui y sont revivent éternellement le même supplice.

Je ne crois pas à la mythologie gréco-romaine, et vous non plus, mais parfois les vieux mythes comportent la trace à demi effacée d'un très ancien savoir. L'après-vie où débarquent les suicidés a été inaugurée par un acte de violence et de désespoir : est-ce vraiment la meilleure façon de commencer son existence dans l'au-delà ?

Et si, en cas de suicide, ce qu'il y a *après* était pire que ce qu'il y a *avant* ?

Peut-être que la seule bonne mort est celle qu'on ne choisit pas.

À retenir

● La vérité ne se démode pas.
● Dans cette vie, tous nos choix ont des effets ; qui sait si le choix de se tuer n'a pas des conséquences sur la destination finale du suicidé ?

Conseils

▶ Ne prenez pas de décision irréversible sur une supposition.
▶ Ne vous fiez pas aux films hollywoodiens pour savoir ce qu'il y a après la mort.
▶ Si vous pensez sérieusement au suicide, documentez-vous encore plus sérieusement sur l'au-delà ; examinez de près toutes les possibilités, cherchez les preuves, n'agissez qu'en vous fondant sur des certitudes.

8. Le prix payé par ceux qu'on aime

Ce que j'ai maintenant à vous dire, les personnes qui ont opté pour le suicide ne veulent surtout pas en entendre parler. Mais la vérité reste la vérité, et en tant que telle, elle vous intéresse, j'en suis sûre.

Des cercles sur l'eau

Un suicide n'a pas des conséquences uniquement pour celui qui se tue.

Il en a aussi pour tous ceux qu'il aime : ses parents, son conjoint, ses enfants, ses amis. Il en a aussi pour ses voisins, ses collègues de travail... tous ceux qui l'aimaient, tous ceux qui le connaissaient de près ou de loin, tous ceux qui apprennent sa mort horrible.

Aveuglés par leur souffrance, absorbés par l'égocentrisme qui en est l'ombre, les candidats au suicide nient ou minimisent l'impact que leur autodestruction aurait sur les personnes qui les entourent.

Aux prises avec le désespoir, le monde extérieur s'efface. Il ne reste plus que soi – soi et l'angoisse, la confusion, la souffrance et le manque.

On oublie alors toutes les responsabilités que l'on a vis-à-vis de ses semblables. Et dans la bulle de plus en plus étroite qui se referme autour de soi, la notion même de *responsabilité* paraît à la fois insupportable et absurde. On n'y croit plus, ou si on y croit encore, on se sent incapable d'en assumer une seule. On voudrait être délivré de toute responsabilité, ou on se croit *déjà* délivré de toute responsabilité.

Mais ce monde extérieur qu'on ne voit plus qu'au travers

d'un brouillard indistinct n'a pas disparu pour autant. Il est toujours là.

Même dans cet état de désarroi avancé, on ne cesse pas d'être responsable. On ne cesse pas d'avoir des devoirs à remplir vis-à-vis de sa famille d'origine, vis-à-vis de la famille que l'on a créée, vis-à-vis de ses amis, vis-à-vis des personnes que l'on connaît.

Et même vis-à-vis des personnes que l'on ne connaît pas.

Lorsque nous traversons la rue en dehors du passage pour piétons il y a peut-être un gamin qui nous prend pour modèles et qui s'inspirera tout à l'heure de notre imprudence pour traverser là où c'est dangereux. Heureux ou malheureux, dépressif ou pas, on ne cesse jamais d'être un exemple.

Un bon exemple…

Ou un mauvais.

On a beau dire « faites ce que je dis, ne faites pas ce je fais », c'est toujours ce que nous faisons, ou ce que nous ne faisons pas, qui sert de modèle. Nos actes, même les plus petits, se répercutent autour de nous en ondes toujours plus vastes, à l'image de vagues concentriques sur le calme miroir d'un lac, quand un enfant s'amuse à y faire des ricochets.

Délivrés d'un poids ?

Certains se disent :

> « En mourant, je ficherai la paix à tout le monde… Je ne sers à rien, je suis un fardeau, je leur gâche la vie… Ils seront beaucoup plus heureux sans moi… Mon suicide les délivrera d'un poids. »

Cette croyance n'est qu'une illusion ourdie par l'ennemi intérieur.

Elle est démentie par tous les témoignages disponibles.

Si vous pensez qu'à la différence des autres suicides, le vôtre serait réellement une libération pour les autres, faites un effort d'imagination, visualisez la situation inverse : votre père, votre mère, votre frère ou votre sœur se tue.

Êtes-vous soulagé ?

Vous sentez-vous « beaucoup plus heureux » ?

Si la réponse est « non », alors vous n'avez aucune bonne raison de supposer que votre suicide serait plus libérateur que le leur.

En fait, c'est simple : aucun suicide n'a jamais aidé personne à se sentir mieux, et aucun suicide n'aura jamais cet effet-là. L'ennemi intime vous chuchote peut-être que « vous leur ferez moins de mal mort que vivant », mais ce sophisme est absolument faux. Même quelqu'un qui se montre insupportable fait moins de mal à ses proches en continuant de l'être qu'en se tuant.

Et il ne faut pas oublier que, lorsqu'on fait du mal à ses proches, on a toujours la possibilité de changer pour devenir moins pénible, tolérable et finalement agréable à vivre.

Au début de mon mariage, je n'étais pas exactement un cadeau pour mon mari. Pour un oui, pour un non, et pour un peut-être, je m'effondrais en larmes ou j'explosais en hurlements accusateurs.

Mon mari était pourtant d'une grande douceur et d'une extrême gentillesse à mon égard. Ça ne m'a pas empêchée de lui balancer une chaussure dans la figure. Et je lui faisais aussi du mal d'une manière plus retorse, par des petites réflexions blessantes.

J'ai changé.

Vous aussi, vous pouvez changer.

« Ils prendront enfin conscience… »

Dans d'autres cas, on ne veut pas soulager les autres d'un fardeau, mais au contraire les punir et les éduquer :

> « Mon suicide leur ouvrira les yeux… Ils prendront enfin conscience de ma valeur… Ils comprendront enfin le mal qu'ils m'ont fait… Ils auront enfin des remords et des regrets… Ils en prendront de la graine ! »

Ils vous ont fait du mal ?

Ils vous ont niés ?

Ils ont toujours prétendu que c'était votre faute ?

Ils ont piétiné votre cœur comme si c'était le paillasson de l'entrée, dont c'est l'usage officiel ?

Ils se sont servis de vous, ou vous vous êtes offerts comme un torchon multifonction, et ils en ont profité sans remords ni regret ?

Lorsque nous nous croyons incapables de rétablir notre dignité perdue, le suicide, dans sa noirceur, semble un moyen rapide et radical de remettre les pendules à l'heure.

Supposons que tel soit votre ressenti, et que ce ressenti soit partiellement justifié : vos proches ne vous aiment pas, ou vous aiment d'une manière tordue, et en tous les cas vous manquent de respect.

Ne croyez pas que votre suicide leur apportera une quelconque prise de conscience sur vous ou sur eux-mêmes.

Ils ne vont pas « comprendre enfin que… ». Ça ne leur apportera que de la souffrance, de la culpabilité, du ressentiment, de la colère, de l'incompréhension et de l'horreur. Ils vous condamneront, et s'ils croient que vous ne valez rien, votre suicide les confirmera dans leur opinion : « Au fond, il n'était pas capable de mieux. La preuve… »

La seule manière de changer leur manière de vous voir est (1) de les oublier un peu et (2) de vous aider vous-même, ce qui nécessite patience et persévérance.

Le respect des autres est un bien qui ne se gagne pas à la roulette russe ni au tac-o-tac ; il nécessite plutôt de patientes économies. Pour atteindre votre objectif, il n'y a pas de raccourci. Le suicide est rapide et radical, certes, mais il ne conduit pas là où vous voulez aller.

Quand on croit qu'on peut atteindre un résultat bénéfique par un moyen calamiteux, on se trompe toujours. Quoiqu'ils se l'imaginent, les poseurs de bombes et les auteurs d'attentats-suicides ne construisent pas un monde meilleur, ils abîment seulement celui qui existe.

Qu'il soit privé ou politique, le suicide ne sera jamais au service de la pédagogie, et lorsqu'on veut l'y mettre, le résultat ressemble au moyen brutal et destructeur qu'on a choisi, pas à la fin qu'on avait en vue.

Pas concernés ?

Autre illusion :

> « Ma mort ne concerne que moi... Les autres n'ont pas à s'en
> mêler... ça n'a rien à voir avec eux, donc ça n'aura pas d'impact
> sur eux. C'est mon problème, pas le leur. Ça me regarde. »

Admettons que les autres n'aient pas à s'en mêler.

C'est tout de même eux qui découvriront le cadavre, eux qui devront nettoyer le sang, l'urine et les excréments (lorsqu'une personne meurt, tous ses muscles se relâchent), faire face aux soupçons des policiers qui se demanderont s'il ne s'agit pas d'un meurtre, annoncer l'horrible nouvelle aux gens qui vous aiment, régler les formalités avec l'administration et les pompes funèbres, payer pour le cercueil et l'enterrement, organiser la cérémonie, etc.

Et tous ces traumatismes et ces corvées angoissantes ne représentent que la partie apparente de l'iceberg.

Il y a aussi la douleur atroce et l'incompréhension. Les survivants doivent supporter la souffrance d'un deuil, mais aussi toutes les questions sans réponse et la culpabilité qui accompagnent inéluctablement un suicide : « Pourquoi a-t-il fait ça ? Qu'est-ce que j'aurais dû faire et que je n'ai pas fait pour empêcher ça ? Est-ce que d'une certaine façon, c'est ma faute ? »

Et l'iceberg a une partie encore plus cachée, une partie dont peut-être vous ignorez l'existence. Voulez-vous la connaître ?

Êtes-vous prêt à entendre toute l'amère vérité ?

Oui ?

Alors, lisez la suite.

L'effet Werther

Se suicider, ce n'est pas mourir, mais se tuer.

Ce qui n'est pas du tout la même chose.

Nous sommes tous très influençables, et les personnes que nous imitons le plus irrésistiblement sont celles qui nous sont le plus proche. Sans le décider consciemment, nous prenons leurs comportements pour modèle. (Pour savoir plus en détail comment, tapez « neurones miroirs » dans n'importe quel moteur de recherche.)

C'est pour cela qu'il y a des familles où tout le monde est pompier ; des familles où tout le monde est enseignant ; des familles où tout le monde joue aux dominos ; des familles où tout le monde joue au casino, etc.

Archibald admire beaucoup son père, qui est médecin. Il a décidé de suivre sa route ; il s'est inscrit en fac de médecine. Et maintenant, un scénario légèrement différent : Anatole admire beaucoup son père, qui s'est suicidé. Quand sa femme l'a quitté, Anatole a décidé...

Vous devinez la suite.

Mourir, ce n'est pas se tuer. Mourir n'incite pas les autres à mettre fin à leurs jours alors que se tuer, si. Lorsque quelqu'un se tue, il trace pour toutes les personnes qui le connaissent une route qui mène au suicide. Et si la route était déjà tracée, il l'élargit, il la transforme en autoroute. Les conséquences d'un suicide sur les proches ne sont pas seulement douloureuses.

Elles sont mortelles.

C'est ce qui explique le cas des familles de suicidés – ces malheureuses familles dont quatre, cinq ou même neuf ou dix membres se sont tués les uns après les autres.

Quoique la personne qui veut mettre fin à ses jours n'en ait pas l'intention, en se suicidant elle pousse, elle incite les gens qui l'aiment le plus à se tuer aussi, tôt ou tard.

Cette bombe à retardement se déclenche parfois bien des années après. Ainsi c'est quarante-six ans après sa mère que le fils de la poétesse Silvia Plath (1932-1963) a suivi son exemple en se tuant à son tour.

Ce type d'influence ne se limite pas à la famille. Les suicides de Marilyn Monroe[1] et Kurt Cobain en inspirèrent beaucoup d'autres. Un simple article dans un journal évoquant le suicide d'une célébrité déclenche une recrudescence de suicides dans les jours qui suivent.

---

1   En réalité c'était un meurtre, mais le grand public ne l'a pas su.

On appelle ça l'effet Werther.

– Vous pensez à vous tuer ? (Non, je ne m'adresse pas à vous. Je m'adresse à un autre lecteur, qui est lui gravement déprimé.)

En passant à l'acte, vous faciliteriez le suicide de toutes les personnes que vous connaissez, en particulier celles qui vous aiment le plus, celles qui vous admirent et s'identifient à vous.

Au cours des années à venir, lorsque vos proches auraient une difficulté, ils penseraient tout de suite : « Et si je me tuais, comme mon père (ma mère, ma sœur, mon frère) ? » Cette option leur apparaîtrait infiniment plus raisonnable et pertinente qu'avant votre décès.

Le suicide n'est donc pas seulement le pire des choix, c'est aussi un virus contagieux et mortel. Si vous y cédez, ceux qui vous aiment seront contaminés par votre acte. Votre suicide d'abord, leur propre suicide ensuite : est-ce vraiment ce qu'ils méritent ?

Est-ce vraiment ce que vous leur souhaitez ?

Et si vous croyez qu'il n'y a aucun risque parce que personne ne vous aime, méfiez-vous. Vous pourriez vous tromper.

Même en cas de maladie dite incurable

Même un suicide qui vient abréger les longues souffrances d'une maladie incurable (ou plutôt réputée telle, car toutes les maladies sont curables, même quand la médecine officielle ignore par quels moyens) a de terribles conséquences pour les survivants.

La vie d'Andrew Solomon en apporte la preuve.

Dans son livre *Le Diable intérieur : anatomie de la dépression* (2001) Andrew raconte comment sa mère, atteinte d'un cancer considéré comme incurable, a mis fin à ses jours. Andrew, son père et son frère facilitèrent son suicide en lui procurant du poison. Lors de ses derniers instants, la mère d'Andrew demanda à son fils de continuer à vivre, après sa disparition, une vie pleine et heureuse...

Après la mort de sa mère, Andrew emporta discrètement avec lui les cachets mortels restants. Quelques jours plus tard, son père se mit à chercher partout ces mêmes cachets : il voulait les garder, au cas où… c'est-à-dire au cas où lui aussi voudrait se tuer.

Andrew explique :

> « C'était comme si, en projetant de prendre les pilules restantes, nous étions en quelque sorte reliés à ma mère, comme si nous pouvions la rejoindre en mourant de la même mort qu'elle. Je compris alors le sens des épidémies de suicides. Notre unique réconfort devant la perte de ma mère était d'envisager pour notre compte personnel une répétition de son départ. »

Comme prélude à « une vie pleine et heureuse », il y a mieux…

L'existence merveilleuse que, dans sa candeur, la mère d'Andrew lui croyait réservée s'est révélée tout autre : après le suicide de sa mère, Andrew a vécu une longue descente aux enfers ponctuée d'épisodes dépressifs et de tentatives de suicide. En se tuant, la maman a semé les graines de l'autodestruction dans l'esprit et la vie de son fils bien-aimé.

C'est ce qu'on fait toujours lorsqu'on se tue.

Même lorsqu'on se tue pour ce qu'on croit être de « bonnes raisons ».

« De toute façon… »

Que pourrait bien se dire quelqu'un qui, décidé à mettre fin à ses jours, aurait conscience qu'en se tuant il poussera vers le même genre de fin les personnes qui lui sont le plus proches, celles qui l'aiment le plus ?

Que pourrait-il se dire pour se débarrasser du sentiment de culpabilité qui l'empêche de passer à l'acte… idiot ?

Il se dirait : « De toute façon, on doit tous mourir un jour ou l'autre… On sèmera tous la mort autour de nous un jour ou l'autre. »

Sauf que c'est faux.

Un décès accidentel ou naturel n'a pas du tout les mêmes conséquences qu'un suicide. Les gens ne se tuent pas parce qu'une personne qu'ils aiment est morte, ils se tuent parce que quelqu'un qu'ils aiment leur en a donné l'exemple.

Renonçant à contredire ce dernier point, l'entêté suicidaire se dirait peut-être : « De toute façon, on y passera tous un jour ou l'autre... eux comme moi. »

Oui, et alors ?

Avec ce raisonnement, les assassins sont innocents, eux qui tuent des gens qui allaient *de toute façon* mourir un jour ou l'autre.

À bout de sophismes, cette tête de mule se dirait probablement : « De toute façon, je ne serai plus là pour voir ce qui leur arrive... » Autrement dit : « Après moi, le déluge... qu'importe les conséquences de mes actes, je ne serai pas là pour les assumer ; ce sont les autres qui devront se débrouiller avec. »

Je suis sûre que vous ne présentez aucune espèce de point commun avec cet être désespéré, égoïste et borné. Si je vous parle de lui, c'est pour attirer votre attention sur son expression favorite : « de toute façon ».

Les phrases qui commencent par « de toute façon » sont bien souvent de mauvaise foi ; elles sont l'expression d'une paresse intellectuelle, d'un refus de penser. Il n'y a pas de « toute façon » qui tienne ; les circonstances et le contexte changent tout.

Lorsque quelqu'un commence par « De toute façon... », les trois quarts du temps ce qu'il veut dire par là c'est que sa décision est prise et qu'il ne veut pas la remettre sur le tapis, la réexaminer à neuf. Il s'entêtera obstinément dans la voie qu'il a choisie, sans chercher à approfondir les conséquences de son choix, car s'il les examinait, il prendrait conscience qu'il n'est pas dans la bonne direction, et que *de toute façon*, il ne veut pas en changer.

Vous par contre, vous êtes prêts à remettre en cause vos convictions et décisions antérieures à la lumière d'un savoir accru et de nouvelles connaissances. C'est ce qui fait votre force, et qui la fera de plus en plus à l'avenir.

 ## À retenir
- Nous sommes responsables même quand nous

oublions que nous le sommes.

- Pour les survivants, un suicide n'a rien de pédagogique.
- Le suicide est contagieux : se tuer, c'est inciter ceux qui nous aiment à faire de même.

9. Séparer la tentation et l'acte

Même si l'un s'inscrit dans le prolongement de l'autre, la tentation du suicide et le suicide lui-même n'appartiennent pas du tout à la même catégorie.

Idée vs acte

La tentation du suicide est une idée ou une pulsion, en tous les cas quelque chose de mental ; le suicide est, lui, un acte extrêmement violent.

Un meurtre d'un genre un peu particulier.

D'un côté, nous avons affaire à une « chose » immatérielle ; de l'autre, à un assassinat où le meurtrier et la victime se confondent.

Involontaire vs volontaire

Seconde différence : la tentation du suicide est souvent involontaire – c'est une idée qui arrive sans qu'on l'ait invitée –, tandis que le suicide est par définition un acte volontaire.

Vous n'êtes pas d'accord avec cette définition du suicide comme « acte volontaire » ?

En plein désespoir, au beau milieu de la souffrance, on peut avoir l'impression que le suicide est la seule issue, qu'il n'y a aucune autre possibilité, qu'on n'a pas le choix, que l'on est en quelque sorte obligé de se tuer… mais c'est toujours une illusion.

Quoique certains suicides soient considérés comme des accidents du travail, un suicide n'arrive jamais comme un accident arrive. Même quand on a l'impression d'être acculé au suicide (par la maladie, par d'affreuses conditions de travail, par quelqu'un, etc.), on ne l'est pas.

Certes, on peut être *incité* au suicide, et à vrai dire, beaucoup de gens le sont, mais rien ni personne ne peut nous suicider. La langue française le confirme : *se suicider* est un verbe réfléchi, ce qui indique qu'il s'agit d'une action de soi sur soi.

Dans certaines circonstances bien particulières, il est difficile de ne pas faire ce choix, mais en toutes circonstances le suicide reste un choix. En d'autres termes, ceux qui décident de ne pas se tuer ne se tuent pas. Ceux qui prennent la décision de vivre jusqu'au bout, vivent leur vie en entier.

Innocence vs culpabilité

Parce que la tentation du suicide est involontaire, elle est innocente. Si vous pensez au suicide, vous n'avez aucune raison de culpabiliser. Lorsqu'on est tenté (tenté malgré soi, tenté sans s'y complaire), on ne se salit pas les mains. Par définition, nous sommes irresponsables de ce qui nous arrive. En revanche le suicide met en jeu, comme tout choix, la responsabilité de son auteur. La personne qui se tue est responsable de son acte. Et comme cet acte est un meurtre...

Je vois que vous tiquez.

Vous n'êtes pas d'accord ? Pour vous le suicidé est une victime parfaitement innocente de ce qui lui « arrive » ? ou vous pensez que chacun doit disposer de sa vie comme il l'entend ?

Vous avez le droit de le penser.

Il faut savoir tout de même que nombre de morts volontaires font des victimes collatérales : telle personne saute – et tombe malencontreusement sur un quidam innocent. Telle autre se suicide au gaz – et entraîne par inadvertance ses sympathiques voisins dans la mort. Un peu comme le tabagisme, le suicide est aussi mauvais pour la santé *des autres*.

Problème vs échec

Autre différence : la tentation de se tuer est le signe ou symptôme d'un très grand malaise, mais ce n'est pas un échec.

Juste un problème.

Le suicide, lui, constitue le plus pathétique, le plus déplorable, le plus lamentable de tous les échecs. Comme « pente inclinée » ou « requin appartenant à la famille des poissons », « suicide raté » est une espèce de pléonasme : tous les suicides dits réussis sont des ratages.

Ceux qui, après une tentative de suicide, se retrouvent six pieds sous terre sont beaucoup plus perdants que ceux qui survivent et se retrouvent, hémiplégiques, dans un fauteuil roulant.

Réussir son suicide, c'est rater absolument tout, même ce qu'on avait réussi avant. Inversement, quand on rate son suicide on a encore une chance, et même plusieurs, de réussir sa vie.

Phares et feux follets

Beaucoup d'hommes et de femmes de valeur ont pensé au suicide.

Ils ne sont pas passés à l'acte.

Ces personnalités ont été tentées, parfois même obsédées, par le suicide. Mais elles ont lutté contre cette pensée, elles ont triomphé de cette pulsion. Elles ont vécu jusqu'au bout, passant par tous les hauts et les bas que leur réservait l'existence ; elles ont joué leur rôle et rempli leur mission sans se défiler.

Ces grands hommes et ces grandes dames ont vécu pour les autres autant que pour eux-mêmes ; ils ont surmonté l'égoïsme comme ils ont surmonté le désespoir ; ils ont goûté à la coupe amère aussi souvent qu'il l'a fallu, mais ils ont tenu.

Vous m'objectez Hemingway, ou n'importe quel autre génie tourmenté que vous admirez et qui a mis fin à ses jours ?

Je vous répondrai qu'Hemingway n'a jamais aidé personne à se construire. Il avait de la profondeur, des aperçus fulgurants sur ceci ou sur cela, mais ne donnait pas de lumière vive et constante. À l'exception peut-être de Virginia Woolf (et encore je n'en suis pas bien sûre), parmi les suicidés célèbres on ne trouve pas de personnalité-phare. La clarté que les artistes, écrivains, etc., suicidés projette est comparable à celle, instable et trompeuse, des feux follets.

Les gens qui ont guidé les autres vers plus de force et de bonheur sont morts comme ils ont vécu, en faisant preuve de patience devant les épreuves et d'une conscience aiguë de leurs responsabilités.

C'était vrai hier et c'est vrai aujourd'hui : les gens qui ont la volonté irrévocable d'apporter une contribution bénéfique au monde n'imitent pas Néron. Ils vivent jusqu'au bout, sans raccourci ni faux-fuyant. Pas de queue de poisson, pas de conditions ; leurs principes ne sont pas assujettis aux circonstances. Les hommes et les femmes de bonne volonté sont intègres et leurs vies sont complètes.

À retenir

- Si on n'est pas responsable de ses pensées (ou du moins pas de toutes et pas directement), on n'en est pas moins responsable à 100% de ses actes.

Conseil

▶ Prenez exemple sur ceux qui ont apporté une contribution positive à l'humanité : tenez bon. Résistez.

10. L'idéalisation du suicide

Tournons-nous maintenant vers les arguments qui sont avancés en faveur du suicide.

Ces arguments sont fallacieux, mais nombreux... De nos jours, le suicide jouit d'un prestige croissant. D'innombrables sophismes le poétisent et l'idéalisent, maquillant sa réalité sordide sous d'épaisses couches de fard et de mensonges. Ces sophismes ne prêtent pas à conséquence tant qu'on garde le moral, mais le jour où on le perd, ils deviennent dangereux.

Quel que soit votre état d'esprit actuel, vous vous sentirez plus léger lorsque vous serez libéré de cette pollution mentale.

Propriétaire ?

D'après les pro-choix (c'est ainsi que les militants de la légalisation du suicide se désignent), chacun est propriétaire de sa vie, et donc chacun a le droit de décider librement de ce qu'il veut en faire... y compris s'en débarrasser comme d'une chaussette dépareillée s'il le souhaite.

Cette idée que nous sommes propriétaires de notre existence est l'axe de toutes les justifications du suicide. Voyons donc ce qu'elle vaut.

Sommes-nous vraiment propriétaires de notre vie ?

À première vue, oui, bien sûr que oui ! Qui d'autre ?

Ceci dit, en y réfléchissant deux minutes, nous devons bien admettre que nous n'avons pas choisi le lieu ni la date de notre naissance. Ni vous, ni moi n'avons choisi nos parents. Ni vous, ni moi n'avons choisi la couleur de nos yeux ou la forme de notre menton. Et nous n'avons pas choisi non plus les rencontres qui ont marqué notre existence : elles nous sont tombées dessus à l'improviste.

Pour tout dire, nous n'avons même pas décidé d'avoir une vie ou non, puisque nous n'avons pas choisi de naître…

Propriétaire de notre vie ? Peut-être que ce n'est pas si évident que ça, après tout. Il y a tellement de paramètres que nous ne contrôlons pas. Ce qui ne change rien au fait que nous sommes responsables de nos choix, mais c'est un autre sujet.

Au fond, prétendre que nous sommes les maîtres absolus de notre existence, c'est beaucoup moins affirmer un fait qu'exprimer un vœu – en clair, prendre ses désirs pour des réalités.

Et c'est à ce point-là que l'ennemi se faufile insidieusement dans la discussion comme un serpent... Je l'entends d'ici vous chuchoter perfidement à l'oreille :

« Pour une fois elle a raison, tu n'es pas propriétaire de ta vie. Tu n'en es que le jouet et la victime... Ballotté-e par les circonstances comme une poupée de chiffon… Et c'est pourquoi la seule manière dont tu puisses t'approprier cette vie qui t'échappe pour en conquérir la maîtrise, c'est en te tuant. Tu n'as pas décidé du début : décide au moins de la fin ! ça prouvera aux yeux de tous, et à tes propres yeux, que tu es maître de ton destin. »

Sous l'influence de son ennemi intérieur et de cette idée-là, l'écrivain Henry de Montherlant (1895-1972) affirmait :

> « Le suicide est le dernier acte par lequel un homme puisse montrer qu'il a dominé sa vie. »

Ai-je besoin de vous dire de quelle manière Montherlant est mort ?

Si l'ennemi intérieur tente de vous faire avaler la même fable toxique qui a conduit Montherlant à se tuer, voici ce que vous pouvez lui répondre :

« Est-ce que détruire quelque chose démontre qu'on en a le contrôle ? Est-ce qu'en explosant le *World Trade Center* on prouve qu'on en est le propriétaire ? Est-ce que *cette voiture m'appartient puisque j'en ai crevé les pneus et brisé les vitres avant d'y mettre le feu* est un argument recevable devant les tribunaux ?

Que nenni.

Point du tout.

Le véritable propriétaire d'une chose est rarement celui qui la saccage. En me tuant, je ne prouverais pas que ma vie m'appartient, mais je prouverais sans aucun doute que je n'ai pas le courage et la persévérance nécessaires pour en faire quelque chose de valable et de beau.

Alors, rentre ta langue bifide et ferme ta gueule, sournoise créature ! Je vois clair dans ton sale jeu ; tu ne m'embobineras pas. »

Preuve de liberté ?

D'après les pro-choix, le droit au suicide est une liberté fondamentale.

L'ennemi, lui, pousse le bouchon encore plus loin. Quand le spleen et l'angoisse nous envahissent, il chuchote :

« Le suicide est un acte de liberté, le dernier possible. Le suicide est l'ultime expression de la liberté... la seule preuve de la liberté de l'Homme. »

Cette idée si répandue, réglons-lui son compte une fois pour toutes. Et pour commencer, n'ayons pas peur de la vérité.

Oui, c'est vrai, les pro-choix ont raison, l'ennemi a raison : le suicide témoigne de notre liberté. Mais en disant cela, que leur concédons-nous ?

À peu près rien.

Le suicide témoigne de notre liberté tout comme les innombrables autres choix que nous faisons sans cesse.

Autrement dit, il n'en témoigne pas plus que lorsque nous choisissons librement de nous peigner ou que nous choisissons librement de garder notre tignasse ébouriffée... Lorsque vous enfilez vos chaussures ou que vous souriez à votre voisin, vous apportez indiscutablement la preuve de votre liberté. Lorsqu'un touriste envoie des cartes postales à ses amis, qu'une femme au foyer prépare un clafoutis ou pique une colère contre son mari, qu'un travailleur ou une travailleuse se rend à son travail ou se met en grève... tous ces gens démontrent eux aussi qu'ils ne sont pas des robots, qu'ils sont libres. Même le tueur en série qui commet son dix-neuvième meurtre fait, de cette manière, l'éclatante démonstration de son libre arbitre : il persiste et signe.

La liberté de l'être humain se manifeste dans tous ses choix. Qu'ils soient petits ou grands, bons ou mauvais, prévisibles ou surprenants, tous nos actes témoignent de notre libre arbitre.

Mais le suicide a quelque chose de particulier. De très particulier. Après lui, il n'y a plus aucun choix, plus aucune alternative. Les vivants, et les vivants seuls, ont la liberté d'agir ; être mort, c'est par définition être inerte et impuissant. Un mort est un pauvre qui n'a plus accès aux richesses du libre arbitre : il ne peut plus rien.

Ainsi le suicide est un choix qui en tant que choix prouve qu'on est libre – et ça, n'importe quel autre choix le démontre aussi bien que lui –, mais qui a cette spécificité qu'après lui on n'a plus aucune liberté. Quand on fait celui-là, c'est terminé, il n'y en a plus d'autres : finie l'autonomie, finie la volonté.

Le suicide est la seule option qui mette un terme à toute option, la seule décision qui détruise toutes les décisions à venir, la seule preuve de liberté qui mette fin à la liberté, le seul choix qui interdise tout autre choix après lui en mettant fin à la capacité à préférer, s'engager et prendre parti.

Ce qui nous conduit à une pensée que l'ennemi ne veut pas que vous ayez, une pensée qui peut être utile en cas de désespoir : *il ne sera jamais trop tard pour mourir.*

Lorsqu'on décide de mourir aujourd'hui, on ne peut plus décider de vivre demain, alors que lorsqu'on décide de vivre aujourd'hui, on peut encore décider de mourir demain... S'il y a un domaine où la procrastination est de mise, c'est bien celui-là.

Choix personnel ?

D'après les pro-choix, le suicide est un choix personnel, et on doit le respecter en tant que tel. C'est aussi la vision qu'en avaient les romantiques au dix-neuvième siècle. Ce point de vue est-il justifié ?

Voyons voir...

Personnel signifie « qui témoigne de l'originalité de quelqu'un » et « qui est propre à une personne, qui lui appartient en particulier ».

De même qu'un artiste qui déchire sa toile renonce à manifester son talent, en détruisant son existence le suicidaire renonce à façonner sa vie et à manifester son individualité, sa personnalité. En s'autodétruisant, il s'autocensure. Se tuer n'est pas un moyen de s'exprimer, mais de se couper définitivement la parole. Rien à voir avec l'originalité.

Est-ce que du moins le suicide est un acte qui appartient en particulier à celui qui s'y livre ?

Pour répondre à cette question, revenons à l'effet Werther, cette contagion qui suit l'annonce d'un suicide par les médias.

Elle a été baptisée ainsi d'après le titre d'un livre du célèbre auteur Johann Wolfgang von Goethe (1749–1832).

Dans *Les souffrances du jeune Werther* (1774), Goethe raconte la courte et tragique existence de Werther, jeune homme dévoré par un amour impossible pour Charlotte, la fiancée d'un autre. Pour finir, Charlotte épouse son fiancé... et Werther met fin à ses jours.

Dès sa parution, le roman obtint un énorme succès. En Allemagne, mais aussi partout en Europe, les femmes se mirent à porter de robes roses et blanches comme Charlotte, tandis que les hommes revêtaient des costumes jaunes et bleus comme Werther.

Et l'imitation ne s'arrêta pas là.

Sous l'influence du livre qui les avait enthousiasmés, de nombreux jeunes gens se tuèrent… comme Werther. Bien sûr, il y avait des souffrances psychologiques individuelles derrière chacune de ces morts, mais la dimension sociale et grégaire de ces suicides est tout de même patente. Ces jeunes gens ont imité Werther, et ont aussi imité ceux qui ont imité l'exemple de Werther, un premier suicide romantique en inspirant un deuxième, puis les deux premiers en inspirant un troisième, etc.

Ces suicides n'appartenaient pas en particulier à ceux qui s'y livraient. Liés à la mentalité d'une époque, ils témoignaient plutôt d'un manque cruel, d'un manque *mortel*, d'originalité.

Depuis cette époque, l'instinct d'imitation n'a pas cessé de faire des ravages. On ne parle de « suicides collectifs » qu'à propos de certains épisodes de l'Histoire et des sectes qui finissent tragiquement, mais en un sens, tout suicide est collectif. Ceux qui choisissent leur perte forment une masse invisible, mais compacte, une foule qui marche derrière Werther, Hitler, Kurt Cobain, etc.

Bref, quelle que soit la définition qu'on adopte de *personnel*, le suicide n'est pas un choix personnel. On devrait plutôt le qualifier de choix impersonnel.

Autoroute

Non seulement le suicide n'est pas un choix personnel, mais de nos jours ce n'est même plus un choix rare. Notre société est obsédée par la recherche du plaisir, mais elle est aussi excessivement morbide. Le désespoir, la violence et le sang la fascinent. Se tuer, ce n'est pas ramer à contre-courant, mais plutôt suivre la foule.

L'autodestruction est une autoroute noire de monde ; l'autoconstruction, un sentier de montagne solitaire où l'on croise quelques rares randonneurs.

À ce propos, voici encore un petit conte symbolique...

Un mouton face à son destin

Quelque part sur une immense plaine grise et désolée, un troupeau de moutons courait. C'était un très, très grand troupeau et les moutons couraient bien serrés les uns contre les autres, comme un seul mouton.

D'où venaient ces ovins ?

Où allaient-ils ?

Ils ne le savaient pas. Cela faisait longtemps qu'ils couraient.

Peut-être des années… Peut-être des siècles.

Il faut savoir c'est que tous ces moutons étaient somnambules. Leurs yeux étaient ouverts et leurs pattes s'activaient, ils bêlaient même à intervalles réguliers, et pourtant ils dormaient tous d'un sommeil profond. C'est pour ça qu'ils ne se souciaient pas de leur destination. La seule pensée qui traversait leur cervelle de mouton était : « Moi aussi… Moi aussi… Moi aussi… » Ils allaient où allaient les autres ; ils y allaient parce que les autres y allaient.

Mais voilà que dans cette foule ovine courant vers une destination inconnue, un individu sortit de sa torpeur.

Comment et pourquoi ?

L'histoire ne le dit pas. Peut-être qu'il trébucha sur un caillou, ou peut-être qu'il n'avait pas l'instinct grégaire aussi bien chevillé au corps que les autres moutons. Toujours est-il que ce mouton-là (qui courait à la périphérie du troupeau, à son bord) se mit soudain à regarder avec ses yeux, et même à réfléchir un peu avec sa tête.

Et c'est alors qu'il s'aperçut avec stupeur et effroi que le troupeau, *son* troupeau, se dirigeait vers une faille béante !

Un gouffre !

Le temps qu'il réalise la gravité de la situation, les moutons de tête étaient déjà tombés dans le gouffre, sans bêler la moindre protestation ni sortir de leur sommeil paradoxal.

Le temps qu'il commence à paniquer, et c'était au tour des moutons suivants de dégringoler silencieusement dans le gouffre, à l'image d'une fine pincée de sucre blanc tombant dans une tasse de café noir.

Notre mouton commençait à angoisser sérieusement : devait-il faire comme les autres ?

S'il continuait à courir avec le troupeau, ce serait bientôt son tour… Peut-être que c'était *normal*, après tout… Peut-être qu'il devait se jeter lui aussi dans le vide sans se poser de question… Mais peut-être aussi que la situation était bien telle qu'il la voyait, et que s'il continuait comme ça il allait s'écraser au fond d'un grand trou ?!

Ses neurones bougeaient de plus en plus vite, et ses pattes de moins en moins… Il était en train de prendre conscience qu'il ne voulait pas mourir comme un crétin. Il voulait sauver sa laine, et la peau qui était dessous.

Pendant ce temps, les autres le bousculaient en bêlant : « Mais qu'est-ce que tu attends ? Cours ! Cours avec nous !... »

Notre mouton résista-t-il à la pression de ses pairs ?

Trouva-t-il le courage de se sauver tout seul ?

De survivre en mouton noir ?

Impossible à dire, car l'histoire s'arrête là.

Peu importe d'ailleurs, car l'essentiel, c'est sa morale.

Que pour l'instant je vous laisse tirer tout seul.

Tout seul... comme un mouton noir.

Du courage ?

Il est probable que l'ennemi vous a déjà murmuré une fois ou l'autre : « On a beau dire, il faut tout de même beaucoup de courage pour se tuer… Mais toi, tu n'as pas ce courage… » À moins que, comme souvent, l'ennemi n'ait dissimulé sa présence derrière la première personne, se faisant passer pour vous : « On a beau dire, il faut tout de même beaucoup de courage pour se tuer… Mais moi, je n'ai pas ce courage… »

Cette idée, on la retrouve un peu partout. Y a-t-il une part de vérité là-dedans ? Le suicide est-il un acte courageux, un acte qui mérite qu'on lui tire son chapeau ?

Les différentes définitions de *courage* vont nous aider à répondre à cette question.

1/ En un premier sens, on définit le courage comme « la force de caractère qui consiste à supporter la souffrance et à faire preuve de patience et d'endurance devant les épreuves ». Si l'on accepte cette définition, le suicide est-il du courage ?

Lorsqu'on se tue, c'est précisément parce qu'on ne supporte *pas* la souffrance, qu'on ne veut *pas* faire preuve de patience et d'endurance face aux difficultés. La vie est un examen et on ne résiste pas jusqu'à la fin de l'épreuve : on abandonne, on laisse tomber. Le suicide est le comble de l'impatience, de la faiblesse et du renoncement. Il est le contraire exact de la patience et de l'endurance.

2/, Mais on peut adopter une autre définition, et considérer que le courage consiste à « braver le danger et prendre des risques ».

Dans ce cas, le suicide n'est-il pas un acte courageux ? Après tout, il n'y a rien de plus dangereux !

C'est vrai que dans la tentative de suicide, il y a un risque objectif, celui de mourir. Mais y a-t-il *prise* de risque ?

Prendre un risque, ce n'est pas chercher délibérément la mort, mais agir *malgré* le danger. Or quelqu'un qui se tue n'est absolument pas dans cet état d'esprit. Il ne défie pas la mort ; il s'y réfugie. Elle est (croit-il) un abri contre la souffrance.

3/ Et si l'on définissait plutôt le courage comme de la « bonne volonté » ?

Dans ce cas non plus, le suicide n'a rien à voir avec le courage. Se tuer, c'est faire preuve, au sens littéral, de *mauvaise* volonté : choisir de se détruire au lieu de se construire, c'est faire le pire usage possible de son libre arbitre.

4/, Mais *courage* a encore une autre définition : « zèle, dévouement mis au service d'une cause ». Ainsi un pompier brave le feu et la mort pour sauver des gens qu'il ne connaît même pas…

Quel rapport avec le suicide ?

Aucun.

Le suicide est motivé par un désespoir égoïste par essence. Il n'est pas motivé par une cause. (Ici je ne parle pas des attentats-suicide – un sujet qui, je l'espère, ne vous concerne pas directement.)

Comme vous voyez, quelle que soit la définition de *courage* que l'on adopte, le suicide n'a pas grand-chose à voir avec lui… Lorsqu'on est attiré par la mort, la seule manière de faire preuve de courage c'est de choisir la vie.

Collaborer ou résister

Mais peut-être que certains lecteurs ne sont pas encore tout à fait convaincus. Alors j'aimerais vous poser une question.

Des collaborateurs et des résistants, qui selon vous a fait preuve du plus grand courage ?

Ceux qui ont pactisé avec l'ennemi parce qu'il était là, parce qu'il avait gagné, parce que c'était lui le maître officiel, ou ceux qui ont décidé que *non*, les nazis n'avaient pas gagné, ou pas définitivement, que la France resterait française, ou le redeviendrait, et qu'ils résisteraient à l'envahisseur jusqu'au bout, même s'ils n'avaient apparemment aucune chance de gagner ?

Remplacez « nazis » par « malheur » ou « désespoir », et vous comprendrez que le véritable courage, c'est de ne pas se laisser aller. Composer avec l'ennemi, lui donner ce qu'il veut, c'est collaborer. Face à la tentation du suicide, nous n'avons le choix qu'entre deux attitudes : la collaboration ou la résistance, la lâcheté ou l'héroïsme.

À ce propos, voici ce que disait Napoléon Bonaparte (1769-1821) à ses soldats :

> « S'abandonner sans vergogne à son chagrin et se tuer pour échapper à la souffrance, c'est abandonner le champ de bataille avant de l'avoir conquis. »

Face au malheur, soyons courageux : résistons à l'ennemi même lorsqu'il a apparemment gagné, même lorsqu'il semble supérieur en nombre.

Ce n'est que de cette manière que nous pouvons transcender la faiblesse inhérente à la condition humaine.

Hymne à la vie ?

Revenons à l'idéologie pro-choix, car nous n'en avons pas fini avec elle.

D'après les pro-choix, sous certaines conditions, le suicide serait non seulement une preuve de courage, de liberté, etc., mais une ode à l'existence, un *hymne à la vie.*

Vous croyez peut-être que j'exagère ?

Je n'invente rien, hélas.

L'expression *hymne à la vie* se trouve dans *La dernière leçon* (2004) livre-témoignage écrit par Noëlle Chatelet à propos du suicide de sa mère âgée :

> « Il faut parfois l'aimer très fort, la vie, pour préférer la mort. Il arrive que le choix de la mort soit un hymne à la vie. »

Ce que cette phrase signifie, c'est qu'en choisissant la mort, en clair en se tuant, ceux qui ne peuvent plus vivre une vie satisfaisante manifestent publiquement leur attachement à la vie… la *vraie*.

Alors posons-nous la question : peut-on raisonnablement définir un suicide de ce genre comme un « hymne à la vie » ?

Un fait divers (fictif) va nous aider à répondre à cette question.

Un homme tue sa femme et l'enterre au fond de son jardin. La police mène l'enquête, retrouve le cadavre, jette le coupable en prison. Son procès commence ; l'homme choisit d'être son propre avocat. Devant les jurés, il commence sa plaidoirie.

Son épouse, dit-il, était laide, agressive, grossière, hommasse. En l'éliminant, il a voulu proclamer son attachement indéfectible à la Femme, cet idéal de beauté, de douceur et de tendresse… Bref, l'homme justifie son crime par son amour de la féminité : d'après lui son geste n'est pas un assassinat, mais un « hymne à la Femme ».

Vous voyez peut-être où je veux en venir. Le suicide est un hymne à la Vie dans les mêmes proportions que ce meurtre est une ode à la Femme – ni plus ni moins. Mais comme dans le cas du suicide, la victime se confond avec le meurtrier, le sophisme est un peu moins flagrant.

Revenons au mot choisi par Noëlle Chatelet pour parler de certains suicides, dont celui de sa mère : *hymne*. Un hymne est « un chant ou un poème célébrant quelque chose ». Mais puisque ce n'est pas la Vie qui est célébrée, alors quoi ?

L'idéologie pro-choix, tout simplement.

C'est particulièrement vrai pour la mère de Noëlle Chatelet, qui a milité activement pour la légalisation du suicide.

Mais en regardant les choses de près, on s'aperçoit que cet « hymne »-là, ce n'est pas la mère de Noëlle Chatelet qui l'entonne. Son suicide l'ayant définitivement privée de la parole, elle ne peut ni confirmer ni infirmer ses professions de foi de vivante. Peut-être qu'aujourd'hui, si elle revenait de l'au-delà, elle ne défendrait plus « le droit de mourir dans la dignité », mais « le devoir de vivre jusqu'au bout »...

Conclusion ?

L'hymne pro-choix n'est, en fin de compte, que celui des survivants.

Dignité ?

Dignité... les pro-choix n'ont que ce mot à la bouche, qu'ils associent invariablement à *droit* et à *mourir*, à tel point qu'un extraterrestre en visite sur terre, et qui se fierait uniquement à leurs déclarations, croirait que mourir est un privilège merveilleux réservé à une élite composée d'individus particulièrement dignes, plutôt qu'une douloureuse obligation à laquelle personne n'échappe.

La dignité est définie comme une « attitude de respect de soi-même, de fierté ». C'est aussi le « sentiment de sa propre valeur ». *Fierté, noblesse, honnêteté, décence, respect de soi* : tous ces termes sont des synonymes de *dignité*. Créer un amalgame entre cette magnifique vertu et le meurtre de soi constitue une stratégie particulièrement habile ; la rhétorique des pro-choix est aussi dangereuse qu'efficace.

Ce qui ne veut pas dire que leur point de vue est valable ou même raisonnable.

Car en quoi le fait de se tuer vite (ou lentement) prouve qu'on se respecte, qu'on est fier, noble ou décent, ou qu'on a le sentiment de sa propre valeur ?

Ceux qui ont le sentiment de leur propre valeur préservent leur existence. Protéger son corps et son âme des souillures ordinaires, défendre son intégrité physique et morale quand elles sont menacées, assumer ses choix sans se cacher derrière des excuses (*de toute façon ceci, de toute façon cela, je n'ai pas les choix*, etc.), garder la tête droite et si possible le sourire même quand on est tenté de se laisser aller aux viles voluptés du découragement, accepter sans désespoir ni révolte la souffrance et la mort quand elles sont inévitables : voilà en quoi consiste la dignité.

Au fond, le seul moyen de mourir dans la dignité, c'est de *vivre* dans la dignité. Une mort digne est l'aboutissement naturel et inévitable d'une vie digne, et ni l'une ni l'autre n'ont quoi que ce soit à voir avec le suicide.

Les pro-choix répliqueraient probablement qu'ils ne réclament le droit de se tuer que pour ceux qui sont condamnés. Mais malade ou bien portant, nous sommes tous condamnés : personne ne survivra à l'heure de sa mort.

Bref, les pro-choix abusent étrangement du sens des mots quand ils réclament le droit de *mourir* dans la *dignité* quand ce qu'ils veulent en réalité, c'est rendre légal un type de *meurtre* particulièrement *indigne* et *répugnant*.

Poétique ?

Le suicide n'est ni courageux, ni personnel, ni digne. Est-il du moins poétique ?

Ce qui est sûr, c'est que d'innombrables films, chansons et livres font tout ce qu'ils peuvent pour l'enjoliver, pour le poétiser.

Représentation littéraire et artistique

Virginia Woolf se noie sur la belle musique de Philip Glass dans *The Hours* (2002) ; Jacques, le héros du *Grand Bleu*, plonge rejoindre les dauphins pour découvrir ce qui se passe lorsqu'on n'a plus d'air ; la jolie chanteuse du groupe *Évanescence* se jette en nuisette du haut d'un immeuble, et chante sans perdre son sang-froid entre le quinzième étage et le sol, qu'elle n'atteint jamais ; dans *Histoires de pouvoir,* Carlos Castaneda saute du haut d'un précipice parce que c'est tellement toltèque – dans le tome suivant il ne se souvient de rien, mais tout va bien : il n'a rien de cassé…

Bref : le suicide est glamour, sexy, poétique, aventureux, spirituel, transcendantal et ésotérique.

Et on n'en meurt pas.

Enfin si, on en meurt de temps en temps, mais dans une ellipse narrative, en dehors du cadre, de l'histoire, loin des regards fascinés qui s'attardent sur *l'envol*... pudique antiphrase pour *chute*.

Réalité

Et dans la réalité, ça ressemble à quoi, un suicide ?

Ça ressemble à du sang répandu partout qui coagule et vire au noir, du vomi, un corps inerte qui pend au bout d'une corde, des intestins qui se vident, une langue qui sort.

Ça ressemble à la plus horrible découverte qu'on puisse faire, à un traumatisme tellement atroce qu'il salit tous les souvenirs associés à celui ou celle qui est mort ainsi – cachet d'horreur, empreinte immonde et ineffaçable.

Ça ressemble au plus ignoble et sordide héritage qu'on puisse laisser à sa famille et ses amis.

Ça ressemble à une malédiction.

Ça ressemble à de nouveaux suicides tout aussi atroces, conséquences du premier.

Tous les sophismes par lesquels il est embelli et paré ne changent rien à sa réalité intrinsèque : le suicide est hideux, contagieux et sale.

À retenir

● Ce sont les voleurs et les violeurs qui saccagent ; les propriétaires ont d'autres hobbies. En détruisant son existence, on ne prouve pas qu'on en est le maître.

● Pour manifester notre originalité, la vie est le seul support dont nous disposons.

● L'autodestruction est une autoroute au trafic intense. Pour se construire il faut s'écarter de la foule.

● Mieux vaut se servir de son intelligence et survivre en mouton noir, plutôt que de se laisser entraîner vers la mort par une foule ovine qui avance sans savoir vers où.

● Résister à la tentation du suicide, c'est du courage. Presque de l'héroïsme.

● Célébrer la vie, ce n'est pas se défiler quand elle devient compliquée.

● Pas de dignité sans respect de soi, de son corps, de sa vie.

Conseils

▶ Ne soyez pas dupe des beaux discours et des belles images qui le poétisent, l'embellissent, et le maquillent ; le suicide est un vieux travelo qui veut se faire passer pour une jeune fille.

▶ Écrivez en quelques lignes, à votre façon optimiste et personnelle, la fin de l'histoire du mouton : s'est-il sauvé tout seul, ou a-t-il réussi à en sauver d'autres avec lui ?

11. Une frayeur salutaire

O Peur, peur auguste et maternelle, peur sainte et salutaire,
pénètre en moi, afin que j'évite ce qui pourrait me nuire.
Anatole France

Et maintenant, parlons de la peur.

Yvain se promène dans un parc naturel, respirant à fond l'air pur de la montagne. Soudain, au détour d'un sentier, surgit un énorme ours noir. Dès qu'il voit Yvain, l'ours se dresse sur ses pattes arrière et retrousse ses babines en grommelant ce qui ressemble fort à des menaces ursines. Ses crocs sont impressionnants.

Cœur qui s'emballe, poussée d'adrénaline : dans une situation pareille, même le plus écologiste des végétaliens militant au Front de libération des animaux aurait peur.

Un dresseur d'ours aurait peut-être moins peur, mais il aurait peur quand même : il sait à quel point ce plantigrade est imprévisible.

Cette frayeur permet à Yvain de découvrir que son prof de sport du lycée avait raison quand il écrivait « Peut mieux faire » dans son bulletin scolaire : il peut courir beaucoup plus vite qu'il ne l'imaginait. Il peut grimper à un arbre avec une agilité qu'il ne soupçonnait même pas.

L'ours fait trois petits tours en reniflant au pied de l'arbre et s'en va en se dandinant à la recherche d'une proie plus accessible.

La peur d'Yvain vient de lui sauver la vie.

Des émotions négatives très positives

Dans ce livre, j'ai employé à plusieurs reprises l'expression « émotion négative ». Le sens en est clair : les émotions négatives sont toutes les émotions désagréables telles que la tristesse, l'angoisse, la colère, la peur, le dégoût, toute la lyre.

Mais (et là je fais mon autocritique) à qualifier ces émotions de « négatives » on risque d'oublier qu'elles jouent parfois un rôle très positif. Il est parfois nécessaire de se mettre en colère, le dégoût peut être utile, et en certaines circonstances la peur est salutaire, comme le prouve la rencontre inattendue d'Yvain, ou toute autre anecdote du même genre que vous pouvez tirer de votre mémoire.

Émotion barrage et émotion garde-fou

Une frayeur salutaire de ce genre est très différente de la peur paralysante et castratrice qui empêche Octave de reprendre ses études et d'avouer son amour à sa voisine, qui lui fait les yeux doux depuis des années. Les frayeurs salutaires sont des garde-fous, tandis que les peurs paralysantes sont des barrages. Un garde-fou est situé au bord d'un fossé, d'un pont, d'une terrasse ou d'une falaise : il empêche les chutes. Un barrage est situé au milieu de la route : il empêche le passage.

Quand, devant la vie, on ressent du dégoût, ce sentiment agit comme un barrage en empêchant d'avancer, tandis que lorsqu'on ressent du dégoût devant une viande avariée, ce ressenti agit comme un garde-fou en empêchant de s'empoisonner.

Une confusion très dangereuse

Une des erreurs d'appréciations les plus courantes, et en même temps les plus dangereuses, consiste à prendre des émotions du type « garde-fous » pour des émotions du type « barrage ». Du coup, on colle à ces émotions salutaires des étiquettes dévalorisantes telles que *blocage, préjugé, conditionnement*, *faiblesse*, etc., et on s'acharne à les surmonter, autrement dit, à enjamber le parapet pour se jeter dans le vide.

Vous voulez un exemple ?

Une jeune fille vierge commence à travailler pour un service de téléphone érotique, ou téléphone rose. Elle est écœurée et traumatisée par les propos qu'elle entend comme par ceux qu'elle doit tenir, mais croit que sa réaction de dégoût est une faiblesse. Elle le surmonte, fière de persévérer malgré la difficulté.

Ayant enjambé le parapet, peut-être qu'un de ces jours elle continuera sur sa lancée en prostituant plus que sa voix.

Quatre peurs raisonnables

Revenons au suicide. Pourquoi, parmi tant de gens qui pensent à se tuer, y en a-t-il comparativement si peu qui passent à l'acte ?

Parce qu'une frayeur salutaire (qu'ils traitent souvent de « lâcheté ») les en empêche. Une frayeur, ou plutôt quatre.

– La première, c'est la peur de mourir, en soi.

Peur naturelle. Tous les animaux ont peur de la mort. La mort est une coupure radicale, un changement brutal et terrifiant. Il n'y a aucun état intermédiaire. Soudain, tout ce à quoi on se raccrochait en cette vie disparaît. Plus personne ne peut plus rien pour nous ; on est seul comme on ne l'a jamais été.

– La deuxième, c'est la peur de souffrir. Car comment savoir si ça ne fait pas mal, atrocement mal ?

Peut-être que même les morts dites « douces » sont horriblement douloureuses. On ne peut pas se fier à l'expression du visage pour savoir ce qu'éprouve intérieurement l'agonisant.

– La troisième, c'est la peur de se retrouver handicapé.

Peur raisonnable. Certaines tentatives de suicide aboutissent à une paraplégie : le fauteuil roulant. D'autres à des tendons des poignets irrémédiablement abîmés : pour le piano et la peinture, c'est fichu. D'autres à des dommages cérébraux : l'équivalent d'un électrochoc auto-infligé, une lobotomie mal faite. D'autres à un rein détruit : on fonctionnera avec l'autre. D'autres à un visage ravagé : on ne pourra plus plaire qu'à distance, derrière un écran d'ordinateur. Le corps humain est plus costaud qu'il n'en a l'air, mais l'abîmer, par contre, est facile.

– La quatrième, c'est la peur de faire une erreur.

Peur légitime. Quand on sait combien de temps on peut hésiter entre deux téléphones portables par crainte de faire un mauvais choix, alors que dans cette situation la différence entre la bonne et la mauvaise décision est dérisoire, comment ne reculerait-on pas devant la probabilité de faire une erreur gravissime qui ne laisse, après elle, aucune possibilité de se rattraper ?

Minimiser les conséquences d'une mauvaise décision est presque toujours possible, mais quand l'erreur en question consiste à se tuer, pas de session de rattrapage. Ce meurtre qu'est le suicide ne laisse aucune possibilité de marche arrière ni au meurtrier, ni à la victime.

Quelle sagesse y-a-t-il à se précipiter tête la première dans une situation dont il est impossible de sortir ? Se ruer dans une prison dont la porte ne se rouvrira jamais, est-ce faire preuve d'intelligence ?

De loin, quand on rêve, on peut imaginer le suicide comme une issue, mais quand on s'en approche on reprend brusquement conscience que cette issue n'a pas d'issue. On peut toujours résilier son abonnement téléphonique ou divorcer de son conjoint, mais quand on choisit la mort l'union est irrémédiable. Irréversible. Quand on se tue, c'est pour *toujours*.

À retenir

● Toutes les émotions négatives ne sont pas des barrages qui empêchent d'avancer ; certaines sont des garde-fous qui empêchent de tomber.

● Il est sain, naturel et raisonnable d'avoir peur de la mort, peur d'avoir mal, peur de finir dans un fauteuil roulant, peur de faire une erreur irrémédiable.

Conseil

▶ Ne méprisez pas vos frayeurs salutaires en les traitant de lâchetés, de préjugés, de faiblesses. Elles vous protègent contre des dangers mortels.

12. À qui serez-vous fidèle ?

Nous ne sommes pas obligés de garder toujours le même point de vue ; personne ne peut nous empêcher de devenir plus intelligents.
Konrad Adenauer

Avez-vous pris la décision de ne jamais vous tuer, de vivre courageusement jusqu'au bout ?

— Oui ? Bravo !

— Non ?!

Il doit bien y avoir une explication… Peut-être que vous admirez les stoïciens ? Que le suicide faisait, jusqu'à la semaine dernière, partie intégrante de votre philosophie ? Peut-être que vous avez été un partisan du « droit de mourir dans la dignité » ? Que vous avez milité dans une association pro-choix ?

Ou peut-être que vous avez solennellement promis de vous tuer à telle date anniversaire, que vous avez élaboré un plan minutieux, et que vous vous sentez obligé d'aller jusqu'à la mort, pour « rentabiliser » vos efforts et ne pas perdre la face ?

Si vous êtes dans l'un de ces cas, prendre la décision inconditionnelle et irrévocable de ne jamais vous tuer est plus difficile que pour d'autres, car l'ennemi intérieur fait tout pour exploiter contre vous votre désir de cohérence.

Les imbéciles et les sages

En décidant de ne jamais vous tuer, vous pouvez avoir

l'impression de contredire vos combats passés, de vous mettre en porte à faux avec vos déclarations et intentions précédentes, l'impression de trahir ce que vous avez cru et programmé, de renier votre passé.

Mais souvenez-vous du bon vieux proverbe : *il n'y a que les imbéciles qui ne changent pas d'avis.* En d'autres termes, il n'y a que les sages qui changent d'avis. Seules les personnes psychosouples (par opposition à *psychorigides*) dotées d'un esprit curieux et ouvert sont capables de se remettre en question, de changer d'opinions et de convictions.

Les esprits encroûtés ne risquent pas de s'apercevoir qu'ils se sont trompés : ils sont trop imbus de leurs certitudes pour cela. Ce sont les esprits vifs et fureteurs qui courent ce risque... ou plutôt cette chance !

Car c'est une chance.

Les vrais sages le savent bien. Ainsi Fiorella La Guardia (1882-1947), un homme généreux, courageux et aimant qui fut le maire de New York et le bienfaiteur des New-Yorkais pendant la dépression de 1929, était toujours heureux d'apprendre qu'il s'était trompé.

Masochisme ?

Pas du tout.

Il savait qu'une illusion de perdue, c'est une vérité de trouvée.

Les grands esprits

Friedrich Hebbel (1813-1863), poète et dramaturge allemand de premier plan, a tout à fait raison de le dire :

> « Il faut plus de courage pour changer son point de vue que pour lui rester fidèle. »

Oui, il faut du courage pour admettre qu'on s'est fourvoyé – et plus nos erreurs ont fait l'objet d'un engagement public, plus il faut de bravoure et d'audace pour les confesser, pour reconnaître que les idées auxquelles on adhérait n'étaient pas vraies, pour avouer à soi-même et aux autres qu'on ne croit plus à ses convictions d'antan.

Et ce n'est pas seulement du courage qu'il faut.

Sans la plus complète bonne foi, sans l'intégrité intellectuelle la plus authentique et la plus pure, on ne peut faire passer la vérité avant sa petite vérité personnelle. Pour être capable de se rétracter, il faut aimer le vrai plus que soi-même.

Le fait de lâcher-prise, de reconnaître ses erreurs quand on a compris que ce sont des erreurs, est la preuve la plus convaincante de sincérité qu'on puisse donner au monde et aux autres. Seuls les grands hommes et les grandes dames sont prêts à reconnaître qu'ils se sont trompés.

Les petits esprits

Les petits esprits, eux, se cramponnent désespérément à leurs opinions d'hier. Parce qu'ils ne veulent surtout pas passer pour versatiles ou instables, ils s'entêtent à ne pas bouger.

Ils ont peur.

Peur qu'on s'aperçoive qu'ils n'ont pas toujours raison (alors qu'on le sait depuis longtemps). Peur qu'on les accuse de manquer de cohérence. Peur qu'on les prenne en défaut.

Ce sont toutes ces peurs qui les enferment dans la médiocrité. En se soumettant à ce qu'ils ont dit et cru, ils laissent le passé et le regard des autres déterminer leur avenir et renoncent à leur pouvoir personnel. Leur immobilisme est celui du mollusque passif dans sa coquille, de la moule ventousée à son rocher.

Comme l'a dit le poète William Blake (1757-1827) :

> « L'homme qui ne modifie jamais ses opinions est comme une eau stagnante, il nourrit les reptiles de l'esprit. »

Imaginez un marécage verdâtre et opaque où des têtards gluants, des insectes inquiétants et des serpents venimeux prolifèrent à l'abri du vent et de la lumière. Tel est l'esprit d'un homme qui, par principe bête, se refuse à changer d'avis.

Prenons l'une de ces personnalités en exemple, ou plutôt en contre-exemple : le journaliste américain Louis Fischer (1896-1970).

Louis Fischer fut un ardent défenseur de Staline et de sa

politique, et le resta longtemps. Pour justifier rétrospectivement son silence complice face aux infâmes procès de Moscou et son déni catégorique de la famine en Ukraine, il a dit piteusement :

> « Il n'est pas facile de se débarrasser de la vision à laquelle on s'est accrochée pendant quinze ans. »

Bien sûr que ce n'est pas facile... *mais que vaut un individu qui se contente de faire ce qui est facile ?!*

À ce propos, personne n'a dénoncé la peur de se contredire mieux que Ralph Waldo Emerson :

> « Il y a autre chose qui nous fait nous détourner avec terreur de la confiance en soi et de l'autonomie intellectuelle, c'est notre besoin de cohérence ; un respect exagéré pour nos paroles ou nos actes passés. En effet le regard des autres n'a pas d'autres points de repère pour évaluer notre orbite, et nous répugnons à les décevoir. Mais pourquoi avez-vous une tête sur les épaules ? Pourquoi traîner partout le cadavre de votre mémoire de peur de contredire ce que vous avez affirmé dans tel ou tel lieu public ? Supposez que vous soyez amené à vous contredire... et alors ?... Ce stupide souci de cohérence est le troll des petits esprits, adoré par les petits hommes d'État, les petits philosophes et les petits théologiens. Une grande âme ne se soucie nullement de cohérence. Autant se préoccuper de son ombre sur un mur. Dites crûment ce que vous pensez, et ce que vous penserez demain dites-le crûment aussi, même si ça contredit tout ce que vous avez dit aujourd'hui. »

En effet que vaut un individu qui se bâillonne lui-même, enchaînant sa bouche à ce qu'il a dit hier ? Un individu qui n'ose jamais sortir du cercle de ses pensées antérieures ?

Un quidam de ce genre n'est pas le maître de ses choix, il en est l'esclave.

Au fond, il est déjà mort.

Fidèle à soi-même

Si vous renoncez à vos croyances antérieures, c'est pour rester fidèle à votre véritable identité, c'est-à-dire à ce qui vous fait Homme : votre logique et votre jugement.

Wolf Biermann, artiste allemand qui est passé de la RDA à la

RFA et du socialisme au scepticisme, l'a dit :

« Seul celui qui change reste fidèle à lui-même. »

Ce dont vous étiez convaincu hier, vous en étiez convaincu parce que, compte tenu des informations dont vous disposiez, cela vous paraissait vrai.

Aujourd'hui, vous n'avez plus le même point de vue parce que vous disposez de davantage d'informations. On juge en fonction de ce que l'on sait : plus nous élargissons nos connaissances, plus notre jugement se précise et s'affine.

Alors pourquoi ferions-nous les mêmes choix que notre Moi mal informé d'hier ? Pourquoi ferions-nous hypocritement semblant de n'avoir rien appris, rien compris de nouveau ? Juste pour que personne ne puisse dire : « Il a changé d'avis » ou : « Il a trahi ses convictions, il a retourné sa veste » ?

Laissez-les dire ce qu'ils veulent et faites ce que vous voulez.

L'honneur de vivre

J'espère que maintenant vous acceptez pleinement, sans faux-fuyant ni tergiversations, *l'honneur, le devoir et la fatigue de vivre* – pour reprendre les mots de George Sand, qui a bataillé pendant des années avec la tentation du suicide avant d'en triompher complètement.

Elle a quitté ce monde de mort naturelle à l'âge de soixante-douze ans, entourée de sa famille, après une vie remplie d'amour, de combats, de passions, d'amitiés, d'art et de dévouements.

À retenir
● Une illusion de perdue, c'est une vérité de trouvée.
● Les petits esprits s'accrochent à leurs opinions comme des moules à leur rocher. Les grands esprits aiment la vérité plus que leur vérité.

● Vous avez le choix : vous pouvez être fidèle à votre passé, ou fidèle à vous-même.

Conseils

▶ Ayez le courage de vos prises de conscience. Ne vous laissez pas ligoter par ce que vous avez cru hier.

▶ Accédez à la grandeur en reconnaissant vos erreurs.

13. En cas de tentation...

Que faire lorsqu'on souffre tant qu'on ne voit plus qu'une issue : la mort ?

Et que la tentation du suicide devient une obsession ?

Première étape

Dans cette situation il n'y a pas d'urgence, ou plutôt il n'y en a qu'une : éviter de faire quoi que ce soit de dangereux et impulsif. Quant est obsédé par la mort il est urgent de ne prendre aucune décision irréversible, car c'est bien le risque.

Même si de l'extérieur, ça ne se voit pas, dans ces moments-là on marche au bord d'une falaise vertigineuse dont aucun parapet ne nous protège. D'où la nécessité de ne pas courir, de ne pas faire de mouvement brusque, et de prendre du recul.

Autrement dit, la seule urgence c'est de ne pas se presser.

De patienter.

Que la souffrance ne vous brouille pas les idées ; qu'elle ne vous conduise pas à prendre une décision hâtive et irréparable. C'est précisément dans ces moments-là – dans les moments où l'on souffre intensément – qu'on a le plus besoin de sa tête. Et si on en a besoin, c'est moins pour prendre une bonne décision que pour s'abstenir de prendre la pire de toutes.

La tentation du suicide est une pulsion ; il faut la gérer comme n'importe quelle pulsion indésirable.

– C'est-à-dire ?

Laissez-la passer sans y réagir.

C'est la première étape.

Deuxième étape

Deuxième étape : prendre une décision.

Une décision ferme et irrévocable.

Si vous êtes hanté par la tentation du suicide, prenez dès aujourd'hui une décision inconditionnelle qui vous engage à 100 % et qui règle définitivement la question. Décidez ici et maintenant de vivre jusqu'au bout, de ne jamais vous tuer. De toute façon vous savez que c'est le bon choix.

Pour être sûr que rien ne pourra ébranler votre décision, imaginez que le pire scénario que vous puissiez imaginer se réalise, puis décidez que même dans ce cas-là vous ne vous tuerez pas.

C'est fait ? Vous avez mis les choses au pire, et décidé que même ainsi, vous tiendrez bon ?

Bravo !

Mais ne vous inquiétez pas, car ce pire que vous venez d'envisager n'aura pas lieu.

En prenant cette sage décision, vous venez de montrer à la vie, au destin, à l'univers, à Dieu [choisissez la mention qui vous convient], que vous êtes de bonne volonté, ce qui fait que cette puissance supérieure en tiendra compte, et ne vous accablera pas d'épreuves trop lourdes pour vous... Si vous êtes un scientifique cartésien, vous aurez du mal à y croire, mais il était tout de même bon que je vous le dise.

De plus, le bien appelle le bien : une bonne décision change beaucoup de choses dans le bon sens, y compris des choses qui n'ont apparemment rien à voir avec elle.

Pour trouver la paix du cœur et de l'esprit, il faut commencer par opter sincèrement pour la vie. L'ennemi intérieur se nourrit de nos hésitations ; en faisant le choix ferme et irrévocable de ne pas se tuer, on dégage l'espace mental pour penser à la suite et la préparer, récupérant ainsi tout de suite un peu de calme et de lucidité.

En prenant la décision salutaire de vivre jusqu'au bout quoi qu'il arrive, vous avez enclenché un mécanisme, vous avez tourné la bonne clef dans la serrure. Bientôt la route va se dégager et les nuées qui obscurcissaient le ciel vont s'écarter, laissant voir le soleil qui brille derrière depuis le début.

Et, puisque vous avez décidé de vivre jusqu'au bout, jetez dès aujourd'hui le(s) instrument(s) de mort dont vous comptiez vous servir ou que vous gardiez « au cas où » : médicaments, arme, etc. De même, si vous aviez planifié votre suicide en tel ou tel lieu, à partir de maintenant évitez cet endroit. Pour vous, il est malsain.

Troisième étape

Et maintenant que la porte du suicide est définitivement condamnée, faites un pas vers la vie. Mais pas vers la vie en général. Faites un pas vers *votre* vie.

Un *seul* pas, parce qu'un voyage de mille kilomètres commence lorsqu'on met un pied devant l'autre et qu'on ne peut faire qu'un pas à la fois, et un seul *petit* pas, parce que les grands pas ne sont en réalité que la somme de pas plus petits.

Une des erreurs les plus communes chez ceux qui veulent améliorer leur existence est de se concentrer sur le Grand Changement Brutal et de mépriser la petite modification, en d'autres termes de s'obnubiler sur l'impossible et d'oublier le possible.

On a tous tendance à sous-estimer la portée des petits actes, des petits choix. Pourtant les seuls actes spectaculaires qui changent tout instantanément changent tout dans le mauvais sens. Se détruire prend une minute, tandis qu'il faut des années pour se construire.

Vous voulez rejoindre votre calme, votre force, retrouver votre gaieté, votre joie de vivre ?

Acceptez le fait que vous ne vous y rendrez pas en trois ou quatre bonds olympiques, mais en mille et un pas de tortue persévérante. La seule manière de manger un éléphant, c'est d'en prendre une bouchée à la fois.

C'est progressivement, c'est petit à petit, que vous vous éloignerez de la mort et que vous vous rapprocherez de votre bonheur. Il n'y a pas d'autre méthode ; ceux qui veulent tout, tout de suite, n'obtiennent rien, ou pire que rien.

Du neuf

Quel genre de petit acte pouvez-vous poser pour commencer ?

Un qui vous écarte un peu de votre chemin habituel.

Donc si vous êtes un(e) maniaque de l'ordre et de l'hygiène, ce petit geste ne consistera pas à passer l'aspirateur ou à faire la vaisselle. Mais si vous vivez parmi des piles d'assiettes incrustées de restes et un fatras de bric-à-brac poussiéreux, pourquoi pas ?

À vous de voir.

Pour échapper à une mort annoncée et rejoindre votre avenir le plus lumineux, vous devez innover, faire preuve de créativité, en faisant un pas, un geste, qui ne soient pas la réédition des milliers de pas et de gestes que vous avez faits auparavant.

Comme il est plus facile de continuer sur sa lancée que de changer de direction, la plupart des gens préfèrent le connu à l'inconnu, et les problèmes familiers aux solutions inédites.

Lorsqu'on est gravement déprimé, cette tendance naturelle se révèle très dangereuse. Les gens malheureux qui continuent sur leur lancée, qui s'enfoncent toujours plus profondément dans l'ornière de leurs habitudes, qui refont éternellement les mêmes choix, suivant le schéma de leur existence sans en dévier d'un iota, prenant encore et encore les mêmes chemins rebattus, risquent fort de succomber à l'autodestruction qui les obsède.

Celles et ceux qui appartiennent à cette catégorie descendent lentement, mais inexorablement la pente, prisonniers de l'engrenage qu'ils ont eux-mêmes construit, jusqu'à ce que même l'air frais du matin et le sourire des enfants aient un goût de moisi, jusqu'à ce que leur existence se réduise aux dimensions d'une cellule étouffante, d'un placard infernal, et qu'ils soient totalement dégoûtés d'elle, d'eux-mêmes et du reste de l'humanité. Sans autre issue qu'un suicide lent ou rapide, qu'une autodestruction d'un genre ou d'un autre.

En prenant une bonne décision, en agissant d'une manière différente, même si c'est à une échelle microscopique et d'une manière que vous croyez insignifiante, vous verrez, en quelques jours ou quelques semaines, votre vie changer subtilement pour le mieux.

Si vous continuez à poser des actes constructifs, la tâche deviendra de plus en plus facile et la transformation prendra de plus en plus d'ampleur. Gardez à l'esprit que ce sont des petits pas qui ont changé ma vie, et celle de tant d'autres ex-dépressifs.

Le Dalaï-lama confirme :

> « Sème un acte, tu récolteras une habitude ; sème une habitude, tu récolteras un caractère ; sème un caractère, tu récolteras une destinée. »

Osez quelque chose de différent, semez un peu de nouveauté dans votre vie, et la première chose que vous récolterez sera un sentiment de liberté, de jeunesse et de fraîcheur. Puis, le temps passant, votre existence s'améliorera aux yeux de tous.

Passer à l'action

Comment passer à l'action ?

1/ Tout d'abord, en lisant ce livre jusqu'au bout.

2/ Puis, quand vous aurez terminé votre lecture, commencez à faire :

      a. Ce que vous pouvez ;

      b. Avec ce que vous avez ;

      c. Où vous êtes.

Ces trois mesures toutes simples sont évidentes, mais expliquons-les un peu quand même. *Où vous êtes*, car ici est le seul lieu où l'on puisse agir, ailleurs n'étant pas disponible. *Avec ce que vous avez*, car ce que vous n'avez pas ne peut pas vous aider. Et *ce que vous pouvez*, car soyons réaliste : lorsqu'on n'est pas capable de faire une chose, on ne la fait pas.

Personne n'est censé décrocher la lune. La responsabilité et le devoir de chacun dépendent étroitement des circonstances dans lesquelles il se trouve, de sa situation aussi bien psychologique

que physique. On ne peut exiger d'un homme en rééducation de gagner un marathon d'ici un mois, ni d'une femme qui souffre d'une ophtalmie aiguë de guider une randonnée en haute montagne. Pour poser les fondations de votre bonheur à venir, vous avez seulement besoin de faire ce vous *pouvez* faire actuellement.

Pas davantage.

À retenir

- Quand on est dans la mauvaise direction, continuer sur sa lancée c'est foncer dans le mur.
- Les choix se changent en habitudes et les habitudes en destin.
- À l'impossible, nul n'est tenu.

Conseils

▶ Vous êtes obsédé par la mort ? Ne prenez aucune décision hâtive.

▶ Renoncez définitivement au suicide, choisissez votre vie : cette décision toute simple vous permettra de découvrir de nouvelles portes là où vous ne voyez encore que des murs.

▶ Ne cherchez pas à faire quelque chose de grand et de spectaculaire ; posez simplement un petit acte constructif.

▶ Faites un pas hors du sentier que vous avez l'habitude d'emprunter. L'air de la nouveauté est frais et vivifiant.

▶ Pour améliorer votre sort, faites dès aujourd'hui ce que vous pouvez avec ce que vous avez, où vous êtes. C'est suffisant.

Lecture recommandée

☐ *Un petit pas peut changer votre vie : la voie du kaizen* de **Robert Maurer.** Ce précieux petit livre est à lire et à relire.

14. Le meilleur moyen de se tuer

Malgré tout, il se pourrait qu'un lecteur (pas vous) soit encore et toujours tenté par le suicide, et veuille connaître le meilleur moyen de se tuer.

Ce moyen, je le connais.

Je le connais, et je vais même vous le donner.

Suicide identitaire

Le meilleur moyen est de changer de paradigme. Autrement dit, de se réincarner de son vivant. Si vous avez envie de mourir, c'est moins de la vie dont vous êtes fatigué que de vous-même. N'aimeriez-vous pas être quelqu'un d'autre ?

Renaître dans une peau neuve ?

Vous débarrasser de vos vieux problèmes ?

C'est tout à fait possible, et pour cela, vous n'avez pas besoin de meurtrir votre corps. Il vous suffit de tuer votre identité. Écoutez cet homme :

> « Je vis depuis cinq ans une dépression à troubles anxieux. Quelle épreuve, quelle souffrance, c'est effrayant... Je souffre, mais j'avance. La dépression est un mal-être existentiel complexe : il faut tout remettre en question. Le suicide ou la mort à soi-même, pas d'autre alternative ! »

La mort à soi-même... l'expression est juste ; elle dit bien ce qu'elle veut dire. Ce suicide-là demande beaucoup de courage. Beaucoup plus qu'un suicide banal.

Un suicide identitaire, c'est un renouvellement complet : on repart sur de nouvelles bases, on reprend les choses à zéro. Ça demande du courage, parce que ça demande de l'humilité. Se remettre en cause, changer sa manière d'être et sa manière de se définir, est nettement plus difficile et méritoire que se tuer bêtement.

C'est aussi beaucoup plus long.

Le suicide identitaire est réservé à ceux qui ont du courage – et de la patience... D'ailleurs la patience *est* du courage. Il est tellement plus aisé de se dire : « Ça ne marche pas ?! Et bien puisque c'est comme ça, je démissionne ! Je me tue et on n'en parle plus ! » Mais ça, c'est seulement le moyen d'aller vérifier dans l'autre monde que oui, la manière dont on vit et dont on meurt a des conséquences. Pas toujours celles qu'on voudrait.

Concrètement

Voici, concrètement, le meilleur moyen de se tuer :

1/ Déchirez toutes les photographies qui vous rappellent de mauvais souvenirs ; si ça veut dire les déchirer toutes, déchirez-les toutes. Un suicide identitaire implique un changement total d'image.

2/ Faites le vide dans votre appartement. Jetez, donnez, rangez.

3/ Nettoyez tout à fond.

Ça ne suffit pas ? Vous avez toujours l'impression d'être la même personne engluée dans les mêmes problèmes désespérants ?

Alors, déménagez.

Ça ne suffit pas ?

Alors, partez à l'aventure :

« Après avoir broyé du noir, beaucoup trop, et avoir été sur le point de faire une grosse bêtise, je me suis dit autant claquer la porte à tout et partir voyager sans but. Un sac de survie, une bonne paire de grolles, des vêtements bien chauds et en route pour une destination inconnue. De nombreuses rencontres lors de ce voyage, des bonnes et des moins bonnes, quelques galères que je pensais insurmontables comme dormir dehors par grand froid ou encore trouver à manger au beau milieu de nulle part, et au final je suis toujours là et surtout incroyablement enrichi d'expériences qui ont changé ma vie à jamais. Si j'avais mis fin à mes jours je n'aurais jamais pu connaître cet incommensurable bonheur que donne la liberté de vivre en communion avec moi-même et la nature, alors si vous en avez marre de la vie tentez l'aventure inconnue. Votre vie changera totalement. »

Ça ne suffit pas, ou ce n'est pas possible ?

Alors, lisez tous les livres dont vous avez dit ou pensé : « Jamais je ne lirai ça ». Fréquentez les gens dont vous avez dit ou pensé : « Jamais je ne parlerai à des gens comme ça ».

Il est temps que vous sortiez de vous-même.

Et ne croyez pas que je vous propose une solution de facilité ou un faux-fuyant... Ce sont ceux qui se pendent, se coupent les veines, etc., qui se défilent. Ils se tuent parce qu'ils ne veulent pas vraiment mourir à eux-mêmes. Ils se tuent pour éviter de changer. Ils tiennent tellement à leurs sacro-saintes habitudes qu'ils les préfèrent à leur vie : comme ils ont déjà commencé à se détruire d'une manière ou d'une autre, ils continuent... et terminent.

Si vous n'êtes pas psychorigide, ou si vous avez décidé de ne plus l'être, optez pour le vrai suicide, le suicide identitaire. Changez tout. Et pour commencer, jetez tout ce qui symbolise votre lourd passé, comme on jette la cargaison d'un navire pour le sauver. Allégez-vous, délivrez-vous, délestez-vous.

Peu importe si vous donnez ou jetez des objets de valeur... Vous comptiez leur dire adieu de toute façon. Peu importe si vous mécontentez vos proches... Vous comptiez leur faire un sale coup de toute façon. S'il y a des gens qui vous oppriment, qui vous oppressent, ne leur parlez plus. Coupez les ponts. Vous comptiez ne plus leur parler de toute façon.

Soyez radical, extrémiste : ne gardez de votre ancienne vie que le meilleur. Et si ce meilleur-là se réduit à rien ou à presque rien, peu importe.

Vous entrez dans une nouvelle phase, vous renaissez sous une autre forme, dans une nouvelle identité : vos idées, vos amis, vos croyances, etc., tout doit changer.

Voilà le meilleur moyen de se tuer.

À retenir

● Quand on veut vraiment se tuer, le meilleur comme le seul moyen est de changer radicalement d'identité.

Conseils

▶ Jetez, quittez, osez : faites peau neuve en jetant votre ancienne mue.

▶ Mettez de l'ordre. Même les anarchistes rangent les serviettes avec les serviettes.

▶ Vous ne vous sentez pas mieux ? Alors, partez à l'aventure. La terre est vaste.

Lecture recommandée

☐ *Simplifiez votre intérieur* de **Karen Kingston**. Excellent livre, très motivant pour un grand nettoyage de printemps.

Aveu...

J'ai un aveu à vous faire.

Ce livre que vous venez de lire ne mérite pas à 100% ce titre de "livre" car il s'intègre harmonieusement en tant que partie à un livre beaucoup plus gros, vraiment beaucoup, beaucoup plus gros, MENTALPAX.

MENTALPAX est un puissant antidépresseur naturel, un médicament efficace contre la dépression, l'anxiété, la tristesse, et les diverses "maladies mentales" inventées par la psychiatrie.

Si vous avez été interessé ce livre-ci, vous le serez bien plus encore par MENTALPAX, que vous trouverez sous forme de livre broché sur amazon, et sous forme de ebook un peu partout : amazon, kobo, googleplay...

J'espère que vous lirez MENTALPAX, et aussi que vous mettrez un commentaire, sur amazon ou ailleurs, à ce livre-ci, *Vivez jusqu'au bout !* Les avis (positifs) que les lecteurs écrivent publiquement sur les sites sont très précieux et importants pour l'auteur comme pour l'éditeur.

Votre amie,

Lucia Canovi

Liberté • Vérité • Clarté
Des mots qui aident, guident, réconfortent, encouragent, éclairent, élèvent ou libèrent...
Catalogue des éditions
lucia-canovi.com

**Nos livres sont disponibles sur lucia-canovi.com
aux formats pdf, .mobi et epub.
et nos programmes audios, au format mp3
Si vous voulez un de nos livres sous forme brochée (en vrai livre papier),
vous pouvez passer commande en nous écrivant à *contact@lucia-canovi.com***

Programmes audios à base d'offirmations – ce n'est PAS une faute d'orthographe !

Les offirmations sont des questions en « pourquoi » et en « nous » inspirées d'Émile Coué et de Noah Saint-John, questions qui permettent, quand on les écoute régulièrement, de programmer son cerveau pour atteindre n'importe quel objectif et réaliser ses rêves.

Écoutez tous les jours 100 % confiance en soi et au bout de 30 jours, vous aurez une inébranlable confiance en vous-même.
Pour garder votre calme en toutes circonstances, écoutez tous les jours Enfin calme.
Pour être heureux quoi qu'il arrive, écoutez tous les jours Enfin heureux.
Pour apprendre l'anglais avec rapidité et facilité, écoutez tous les jours Enfin bilingue.
Pour apprendre l'arabe avec enthousiasme et plaisir, écoutez tous les jours Enfin bilingue en arabe.

Parentalité

Parents heureux, enfants joyeux ! Proverbes et citations motivantes pour familles aimantes, de Anna Fonseca

Histoire
La révolution française : une conspiration ?, d'Augustin Barruel

Études/Art d'écrire
7 secrets pour réussir brillamment ses études sans le moindre stress !, de Lucia Canovi.
Écrire une scène d'action en s'inspirant d'un grand romancier, de Lucia Canovi

Psychanalyse
Freud tueur en série : vrais meurtres et théorie erronée, d'Eric Miller
Secrets et dangers de la psychanalyse : Freud n'est pas votre ami, de Lucia Canovi

Science
La terre ne bouge pas, de Gustave Plaisant
La terre est immobile : preuve que la terre ne tourne ni autour de son axe, ni autour du soleil, Carl Schoepffer

Féminisme et sexisme
Sept mensonges du féminisme, de Lucia Canovi
Sept mensonges du sexisme, de Lucia Canovi

Religion/spiritualité
Eckhart Tolle et l'idiocratie : découvrez la doctrine et les effets d'un grand maître spirituel,' de Lucia Canovi
L'Islam au-delà des apparences, de Lucia Canovi
Pourquoi j'ai embrassé l'Islam, d'Anselme Turmeda

Essais/Actualité
Réfléchissez ! Racisme, antisémitisme, quenelle et autres sujets sensibles, de Lucia Canovi
Conversations avec l'ennemi de Dieu : le mal au XXIe siècle,

de Lucia Canovi

Le Lait du Mensonge : Fragments d'une parole sincère, de Lucia Canovi

Êtes-vous Charlie ?, de Lucia Canovi

Le piroptimisme : faut-il soigner le mal par le mal ?, de Lucia Canovi

Roman

Un baron en caravane, de Elisabeth Von Arnim

Amour et mensonges sous le ciel d'Italie, de Jean Webster

Horace, de George Sand

Les dames vertes, de George Sand

Nanon, de George Sand

Cecilia, de Fanny Burney (12 volumes)

Développement personnel/Psychologie

Marre de la vie ? Tuez la dépression avant qu'elle ne vous tue !, de Lucia Canovi

Le trésor : découvrez la méthode la plus simple de vous faire des alliés et de réaliser vos rêves, de Lucia Canovi

La clé du bonheur : 365 offirmations* pour surmonter dépression, découragement, déprime et être heureux en toutes circonstances [Ce n'est PAS une faute d'orthographe], de Lucia Canovi

La Clé du Calme : 365 offirmations* pour triompher de l'anxiété, du stress, de la colère et trouver la sérénité [Ce n'est PAS une faute d'orthographe], de Lucia Canovi

La Clé de la Richesse : 365 offirmations* à se poser pour s'enrichir malgré la crise [Ce n'est PAS une faute d'orthographe], de Lucia Canovi

Le petit livre de la paix intérieure : Proverbes anti-stress et citations calmantes, de Lucia Canovi

Le petit livre qui fortifie : Proverbes réconfortants et citations motivantes, de Lucia Canovi

Aller mal quand tout va bien : La dépression dédramatisée, de Lucia Canovi

La dépression est-elle une vraie maladie ? 9 idées fausses sur la tristesse et le mal-être, de Lucia Canovi

Et si la dépression avait un sens ?, de Lucia Canovi

Les vraies causes de la dépression, de Lucia Canovi

Libérez-vous de l'alcool et de la cigarette : Comprendre le joug pour le briser, de Lucia Canovi

Vivez jusqu'au bout ! Suicide, mode de non-emploi, de Lucia Canovi

Vous n'êtes pas fou ! Les maladies mentales démystifiées, de Lucia Canovi

Antidépresseurs, mensonges et conséquences, de Lucia Canovi

Torture ou thérapie ? La vérité sur les électrochocs, de Lucia Canovi

Enfin heureux ! Cinq thérapies gratuites et efficaces pour retrouver le sourire, de Lucia Canovi

La dépression sans nom, de Lucia Canovi

OrdiZen : La méthode de rangement qui permet de savoir exactement où est quoi dans son ordinateur... et de le retrouver rapidement !, de Lucia Canovi

À propos de Lucia Canovi

Lucia Canovi est auteur, éditeur et iconoclaste. Sa vie comporte trois actes très différents.

Premier Acte : Adeline Aragon gagne six prix littéraires, réussit ses études de lettres modernes et obtient du premier coup l'agrégation, concours réputé pour sa difficulté. Après ces brillantes études, désorientée, elle se tourne vers l'enseignement moins par choix que par impossibilité de changer en gagne-pain l'écriture, sa vocation de toujours. Pendant ce premier acte, elle est athée, cartésienne et militante féministe (Voir son livre *Sept mensonges du féminisme*).

Deuxième Acte : profondément insatisfaite de sa vie même si elle a « tout », à 27 ans elle se lance dans l'astrologie, le tarot et le russe, se teint les cheveux en rouge vif, quitte sa Toulouse natale pour Paris, et troque son rationalisme contre un mysticisme échevelé qui la mène à l'hôpital psychiatrique pour deux semaines. Loin de lui apporter le bonheur, cette route tortueuse se révèle de moins en moins carrossable. Pendant ce second acte, elle fume, boit, construit des châteaux en Espagne (voir son livre *Libérez-vous de l'alcool et de la cigarette : comprendre le joug pour le briser*), continue à écrire sans convaincre aucun éditeur de son génie, et adopte toutes les croyances du Nouvel Âge, dont la réincarnation. Elle est alors une disciple enthousiaste d'Eckhart Tolle (Voir son livre *Eckhart Tolle et l'idiocratie : doctrine et effets d'un « grand maître spirituel »*).

Troisième Acte : arrivée au bout de ses ressources financières, sans ami et sans amour, pour la première fois de sa vie elle se tourne vers Dieu pour Lui demander Son aide. Une semaine après, elle rencontre l'homme de sa vie qui lui propose immédiatement le mariage et l'Islam. Le coup de foudre étant réciproque, elle accepte le mariage. Quelques mois et d'innombrables lectures plus tard, dont *Le Mensonge de l'évolution* d'Harun Yayha, pour son plus grand bonheur elle se convertit à l'Islam.

Encouragée par son mari, elle se remet à l'écriture sous le nom de plume de Lucia Canovi avec un enthousiasme renouvelé et un but bien précis : aider les personnes qui souffrent comme elle a souffert. Son grand livre *Mentalpax : antidépresseur naturel sous forme de livre préconisé dans le traitement de l'anxiété, des idées noires, de la dépression et des autres diagnostics (*publié dans une première version sous le titre *Marre de la vie ?)* est le fruit de huit années de recherches ; les lecteurs l'adorent.

Par la suite, elle écrit sur toutes sortes de sujets, avec un intérêt particulier pour la logique, le développement personnel (voir en particulier son livre *Le trésor : découvrez la méthode la plus simple de vous faire des alliés et de réaliser vos rêves*), la religion (voir son livre *L'Islam au-delà des apparences*) et le mal sous toutes ses formes (voir son livre *Conversations avec l'ennemi de Dieu : le mal au XXIe siècle*).

En 2015, prenant conscience qu'il ne sert à rien d'attendre l'éditeur charmant, Lucia Canovi se décide à créer sa propre maison d'édition par internet, **lucia-canovi.com,** ce qui lui donne l'opportunité de publier *Freud tueur en série : vrais meurtres et théorie erronée*, chef-d'oeuvre d'investigation où Eric Miller prouve par A+B que Freud a sauvagement assassiné son neveu John, ainsi que quelques-uns de ses amis et quelques unes de ses patientes.

Lucia Canovi prend un plaisir subversif à mettre en pièces les mensonges les mieux établis, démolissant en priorité les impostures qui, en raison de leur ancienneté ou de leur succès quasi universel, semblent infiniment plus vénérables que les vérités ridiculisées qu'elles prétendent remplacer. D'où ce nom d'*iconoclaste.*

Elle est aussi l'inventrice des *offirmations*, et ce n'est pas une faute d'orthographe.

Aujourd'hui, Lucia Canovi vit tranquillement en Algérie avec son mari et ses deux enfants, et s'emploie à offrir le meilleur à ses lecteurs de plus en plus nombreux. Ses livres sont traduits en anglais, espagnol, allemand, italien, portugais, japonais, russe et néerlandais. Vous pouvez lui écrire à **lucia@lucia-canovi.com.**

Quittez les chemins battus !

'Clair, élégant, documenté... ce livre est vraiment un trésor !'

'J'ai trouvé une pépite...'

Mi-newsletter, mi-coaching existentiel, la lettre bleue vous aide à quitter les chemins battus et trouver le (vrai) bonheur... une citation à la fois.

Vous voulez quitter l'autoroute où tout le monde s'entasse pour trouver le (vrai) bonheur ?

Inscrivez-vous gratuitement à la lettre bleue. La lettre bleue, c'est une goutte de sagesse, de courage et d'anticonformisme tous les matins, sous la forme d'une citation commentée. Inscrivez-vous maintenant, et récupérez du même coup les 20 premières pages du *Trésor*.

C'est ici : http://lucia-canovi.com

Table des matières

www.ingramcontent.com/pod-product-compliance
Lightning Source LLC
Chambersburg PA
CBHW060627290526
45793CB00001B/180